DEUTSCH ALS FREMDSPRACHE

Cornelia Klepsch

Spielesammlung

Kopiervorlagen

Schritte plus

1
2

Niveau A 1

Hueber Verlag

Quellenverzeichnis:

S. 72: von oben links: © fotolia/Peter Mautsch, © Alexander Keller, München, © Münchner Verkehrsgesellschaft mbH, © Franz Specht, Wessling
S. 74: beide © MHV-Archiv
S. 78: Drucker © iStockphoto/jaroon, unten © Alexander Keller, München (2x)
S. 80: Regenschirm © iStockphoto/golovorez
S. 82: © MHV-Archiv
S. 119: rechts © iStockphoto/golovorez, links © iStockphoto/eldadcarin
S. 135: Mitte © iStockphoto/eldadcarin, unten © iStockphoto/golovorez

Um die Vorder- und Rückseiten der Karten deckungsgleich zu kopieren, gehen Sie bitte folgendermaßen vor:

- Trennen Sie die gewünschte Seite entlang der Perforationslinie heraus.
- Aktivieren Sie an Ihrem Kopierer den Modus zum doppelseitigen Kopieren.
- Legen Sie nun die Vorderseite der Spielkarten am linken oberen Rand des Kopierers an.
- Die Rückseite sollte dann oben rechts, an der Markierung für DinA4-Format, anliegen.

4. 3. 2. | Die letzten Ziffern
2016 15 14 13 12 | bezeichnen Zahl und Jahr des Druckes.
Alle Drucke dieser Auflage können, da unverändert, nebeneinander benutzt werden.
1. Auflage

Umschlaggestaltung: Sieveking print & digital, München
Zeichnungen: Jörg Saupe, Düsseldorf
Layout und Satz: Sieveking print & digital, München
Reproarbeiten: Reproline mediateam, Unterföhring
Druck und Bindung: Auer Buch + Medien GmbH
Printed in Germany
ISBN 978-3-19-331911-1

Vorwort

Liebe Leserinnen, liebe Leser,

die *Schritte plus* Spielesammlung bietet Ihnen umfangreiches Zusatzmaterial, das genau auf die Progression von *Schritte plus* zugeschnitten ist. Die meisten Spiele lassen sich jedoch auch ohne Weiteres in Verbindung mit anderen Grundstufenlehrwerken einsetzen. Die drei Bände der Spielesammlung entsprechen den Niveaustufen A1, A2 und B1 des Gemeinsamen Europäischen Referenzrahmens.

Fünf Spieltypen
Zu jeder Lektion von *Schritte plus* finden Sie fünf verschiedene Spieltypen in Form von Kopiervorlagen:

- **Grammatikspiele**
  zum spielerischen Einüben, Wiederholen, Automatisieren und Visualisieren der wichtigsten Grammatikstrukturen
- **Wortschatzspiele**
  zum Festigen und Wiederholen von Wortschatz sowie zur Erweiterung der sprachlichen Ausdrucksfähigkeit
- **Artikelspiele**
  zum unterhaltsamen Erlernen von Artikeln und zum Schaffen von Grundlagen für die Einführung bestimmter Grammatikstrukturen
- **Mini-Gespräche**
  zum Einschleifen von Redemitteln und grammatischen Strukturen sowie als Übergang zum freien Sprechen
- **Gesprächsanlässe**
  zur Anwendung von Wortschatz, Grammatik und Redemitteln, zur Förderung des freien Sprechens und Schreibens sowie zur Vorbereitung auf mündliche Prüfungen

Vielfältiger Einsatz
Zu jedem Spieltyp finden Sie verschiedene Spielanleitungen, die Sie selbstverständlich durch eigene Ideen erweitern können.

Die Spiele lassen sich leicht an unterschiedliche Zielgruppen und Bedürfnisse anpassen und sind folgendermaßen einsetzbar:

- für lernungewohnte und geübte Teilnehmer und somit auch besonders zur Binnendifferenzierung in heterogenen Gruppen
- für verschiedene Lerntypen
- als Kartenspiel, als Brettspiel, als Klassenspaziergang, als Wettbewerb, als Fragebogen, als schriftliche oder mündliche Übung, als Lernstation, als Lernkartei
- allein, zu zweit, zu dritt, in großen Gruppen, im Plenum, mit festen oder mit wechselnden Spielpartnern sowie zum Selbststudium
- zur Wiederholung, zur Ergänzung, zur Festigung, zur Vorbereitung auf Prüfungen und zur freien Anwendung beim Sprechen und Schreiben
- zur Auflockerung, zur Motivation, zur Aktivierung, zur Verbesserung der Konzentration, zum Abbau von Ängsten und Hemmungen, zur Förderung der Lernerautonomie, zum Schaffen einer angenehmen Lernatmosphäre, zum Vermitteln von Lerntechniken

Vorbereitung
Die Spiele sind mit wenig Aufwand herzustellen und können durch die vielfältigen Einsatzmöglichkeiten in einem Kurs sogar mehrmals verwendet werden.

Ich wünsche Ihnen und vor allem Ihren Kursteilnehmerinnen und Kursteilnehmern viel Spaß beim Spielen und danke allen, die dazu beigetragen haben, dass diese Spielesammlung im Rahmen meiner Unterrichtspraxis nach und nach wachsen und reifen konnte.

Cornelia Klepsch

Inhalt

Spielbrett 1

Spielbrett 2

die

das

der

Blanko-Vorlage

Anleitung

Grammatikkarte Vorderseite

Bruno leb_____ in München.

Grammatikkarte Rückseite

t

Lückenkarte

-t

Spielbrett 1

alle richtig | leider falsch

Möglichkeit 1: Kartenspiel mit Spielbrett 1 und Lückenkarten

VORBEREITUNG Kopieren Sie für jede Gruppe à drei TN das Grammatikspiel (zweiseitig), die passenden Lückenkarten sowie das Spielbrett 1 auf stärkeres Papier oder Karton. Schneiden Sie die Grammatikkarten und die Lückenkarten aus oder bringen Sie genug Scheren mit, damit die TN die Karten selbst ausschneiden können.

1 Die TN bilden Kleingruppen zu je drei TN. Spielbrett 1 wird auf den Tisch gelegt. Die Grammatikkarten liegen auf einem Stapel. Zusätzlich erhält jeder TN je nach Spiel 2–4 Lückenkarten, die er wie bei einem traditionellen Kartenspiel in der Hand hält.
2 Die TN lesen die oberste Grammatikkarte. Jeder TN einer Gruppe legt, ohne zu sprechen, die passende Lückenkarte verdeckt auf den Tisch.
3 Anschließend wird die Lösung mithilfe der Rückseite der Grammatikkarte überprüft.
4 Haben alle TN einer Kleingruppe die richtige Lösung gefunden, kommt die Grammatikkarte auf das Feld „alle richtig“, andernfalls wird sie auf das Feld „leider falsch“ gelegt.
5 In einem zweiten Durchgang werden nur noch die auf dem Feld „leider falsch“ liegenden Karten bearbeitet. Bei Bedarf können weitere Durchgänge folgen.

Möglichkeit 2: Kartenspiel mit Spielbrett 1 ohne Lückenkarten

VORBEREITUNG Kopieren Sie für jede Gruppe à drei TN das Grammatikspiel (zweiseitig) sowie das Spielbrett 1 auf stärkeres Papier oder Karton. Schneiden Sie die Grammatikkarten aus oder bringen Sie genug Scheren mit, damit die TN die Karten selbst ausschneiden können.

1 Die TN bilden Kleingruppen zu je drei TN. Spielbrett 1 wird auf den Tisch gelegt. Die Grammatikkarten liegen auf einem Stapel.
2 Die TN lesen die oberste Grammatikkarte und lösen gemeinsam oder abwechselnd die Aufgabe.
3 Fahren Sie mit den Schritten 3–5 von Möglichkeit 1 fort.

Möglichkeit 3: Gegenseitiges Abfragen

VORBEREITUNG Kopieren Sie für jede Gruppe à zwei TN das Grammatikspiel (zweiseitig) auf stärkeres Papier oder Karton. Schneiden Sie die Karten aus oder bringen Sie genug Scheren mit, damit die TN die Karten selbst ausschneiden können.

1 Die TN arbeiten zu zweit. Jedes Paar erhält ein Set „Grammatikkarten“, das die TN unter sich aufteilen.

Anleitung

2 Die TN fragen sich gegenseitig ab und kontrollieren sich selbstständig.
3 Falsch gelöste Aufgaben werden für einen weiteren Durchgang auf einen extra Stapel gelegt.
4 Das Spiel endet, wenn alle Aufgaben richtig gelöst wurden. Besonders schwierige Sätze können im Heft notiert werden.

Möglichkeit 4: Gruppenwettbewerb

VORBEREITUNG

Kopieren Sie die Vorderseite des Grammatikspiels einmal auf stärkeres Papier oder Karton. Schneiden Sie die Karten aus.
Variante: Kopieren Sie die Vorderseite des Grammatikspiels auf eine Folie.

1 Das Spiel wird in Form eines Wettbewerbs für mehrere Kleingruppen durchgeführt. Jede Gruppe erhält die gleiche Anzahl Karten.
2 Ein TN liest den gegnerischen Gruppen die Aufgabe auf einer Karte vor. Die Gruppe, die zuerst die richtige Lösung nennt, bekommt die Karte.
3 Dann ist die nächste Gruppe mit dem Vorlesen einer Aufgabe an der Reihe usw. Die Gruppe, die am Ende die meisten Karten „gesammelt" hat, hat gewonnen.
Variante: Bei schwierigen Aufgaben ist es von Vorteil, die Vorderseite des Grammatikspiels auf Folie zu kopieren und nach und nach am Tageslichtprojektor aufzudecken.

Möglichkeit 5: Brettspiel

VORBEREITUNG

Verwenden Sie die Vorderseite des Grammatikspiels als Spielbrett für Kleingruppen von drei bis vier TN. Schreiben Sie auf das Spielbrett oben links „Start" und unten rechts „Ziel" und geben Sie mit schwarzem Stift ggf. Richtungspfeile vor, damit die TN wissen, wie sie sich auf dem Spielbrett bewegen müssen. Darüber hinaus brauchen Sie für jeden TN einen Spielstein und für jede Kleingruppe einen Würfel.
Variante: Stellen Sie die Rückseite des Grammatikspiels als Lösungsschlüssel zur Verfügung. Dabei ist jedoch zu beachten, dass die Spalten dann spiegelverkehrt sind und deshalb vor dem Kopieren zerschnitten und spiegelverkehrt zusammengesetzt oder nummeriert werden sollten.

1 Die TN bilden Gruppen und erhalten Spielsteine, Würfel und das Spielbrett.
2 Die TN würfeln, ziehen und lösen die jeweilige Aufgabe.
3 Wenn die TN sehr schnell fertig sind, können sie weitere Durchläufe machen.
Variante: Wenn Sie die Rückseite der Kopiervorlage als Lösung verwenden möchten, sollten Sie einen TN der Gruppe bestimmen, der das Lösungsblatt erhält und die Antworten überprüft. Dann ist es sinnvoll, mehrere Runden zu planen, sodass jeder mal „Kontrolleur" ist.

Anleitung

Möglichkeit 6: Lernstationen

VORBEREITUNG
Kopieren Sie verschiedene Kopiervorlagen aus der Spielesammlung (zweiseitig) auf stärkeres Papier oder Karton und schneiden Sie die Karten aus oder bringen Sie genug Scheren mit, damit die TN die Karten selbst ausschneiden können. Bauen Sie je nach TN-Zahl genügend Stationen mit unterschiedlichen Aufgaben im Kursraum auf. Sie können beispielsweise neben den Grammatikspielen auch Wortschatzspiele und Artikelspiele verwenden. Auch Mini-Gespräche eignen sich, sofern eine eindeutige Lösung auf der Rückseite vorhanden ist. Weisen Sie an jeder Station darauf hin, was genau geübt werden soll. Legen Sie außerdem bei Bedarf zu jeder Aufgabe eine schriftliche Anleitung aus.

Die TN gehen von Station zu Station und lösen die Aufgaben selbstständig oder in Partnerarbeit. Die Kontrolle erfolgt mithilfe der Lösung auf der Rückseite.

Möglichkeit 7: Lernkartei

VORBEREITUNG
Kopieren Sie das Grammatikspiel einmal auf stärkeres Papier oder Karton und schneiden Sie die Karten aus. Schaffen Sie einen Karteikasten an, in den Sie die Kärtchen nach Themen oder Lektionen sortiert einordnen. Der Karteikasten steht für alle zugänglich im Kursraum.

TN, die bereits einige Zeit vor Unterrichtsbeginn eintreffen oder die bei gemeinsamen Übungen schneller als andere fertig sind, nehmen sich die Kärtchen und können auf diese Weise die Zeit zur Wiederholung nutzen.

Möglichkeit 8: Arbeitsblatt

VORBEREITUNG
Kopieren Sie die Vorderseite des Grammatikspiels für jeden TN als Arbeitsblatt.
Variante: Kopieren Sie auf die Rückseite der Vorlage die Blanko-Vorlage (Seite 8).

Die TN bearbeiten das Arbeitsblatt. Anschließend wird die Aufgabe korrigiert.
Variante: Wenn Sie auch die Blanko-Vorlage kopiert haben, können die TN die Lösung auf die Rückseite schreiben. Manche TN verwirrt es, dass die Blanko-Vorlage spiegelverkehrt ausgefüllt werden muss. In diesem Fall ist es hilfreich, die einzelnen Felder auf beiden Seiten zu nummerieren. Nachdem die Aufgaben im Plenum korrigiert wurden, können die Karten ausgeschnitten und zum selbstständigen Üben mit einer eigenen Lernkartei (siehe Möglichkeit 7) verwendet werden.

Anleitung

Einsatz im Unterricht
Die Grammatikspiele eignen sich besonders

- zur Vertiefung und Automatisierung bekannter Strukturen: Die Grammatikspiele sind vor allem für die Phase nach der Einführung neuer Strukturen als zusätzliches Übungsmaterial geeignet.
- zur Aktivierung der Teilnehmer: Besonders wenn es um Grammatik geht, haben manche TN Hemmungen, sich zu äußern. Sie fürchten sich, Fehler vor der Gruppe zu machen oder korrigiert zu werden. Durch die spielerische Übungsform werden auch zurückhaltende TN dazu angeregt, sich aktiv zu beteiligen.
- zur Wiederholung und Auffrischung bekannter Strukturen: Setzen Sie die Spiele gern auch einige Lektionen oder gar Niveaustufen später ein, um die Kenntnisse aufzufrischen. Auch kurz vor einem Test ist eine spielerische Wiederholung hilfreich.
- zur Binnendifferenzierung: Wenn nur einzelne TN Schwierigkeiten haben, können Sie diese in einer Kleingruppe zusammenfassen und intensiv unterstützen, während die anderen Kleingruppen mithilfe der Lösungen auf der Rückseite selbstständig mit den Grammatikspielen arbeiten. In heterogenen Kleingruppen helfen stärkere TN in der Regel gern schwächeren TN. Wenn Sie schwächeren TN oder TN, die im Unterricht gefehlt haben, zusätzliche Übungsmöglichkeiten geben möchten, können Sie ihnen die Karten nach Hause mitgeben. Hier bietet es sich auch an, die TN beim Aufbau einer eigenen Lernkartei zu unterstützen.
- zur Auflockerung und Motivation: Der spielerische Charakter trägt zur Auflockerung des Unterrichts bei. Durch die Arbeit in Kleingruppen sind alle TN aufgefordert, sich aktiv zu beteiligen. Manche TN spornt es an, sich mit anderen zu messen. Außerdem können die TN sich gegenseitig motivieren und Lernerfahrungen austauschen.

Verbkonjugation

Bruno leb_____ in München. 1/2	Entschuldigung, wie heiß_____ Sie? 1/2	Meine Tochter heiß_____ Sara. 1/2
Ich wohn_____ in Deutschland. 1/2	Wo wohn_____ du? 1/2	Wo wohn_____ ihr? 1/2
Komm_____ ihr aus Italien? 1/2	Ich hab_____ zwei Kinder. 1/2	Sprech_____ ihr Englisch? 1/2
Tina und Bruno leb_____ in München. 1/2	Tina und Bruno hab_____ eine Tochter. 1/2	Niko komm_____ aus der Ukraine. 1/2
Woher komm_____ du? 1/2	Sprich_____ du Arabisch? 1/2	Wie heiß_____ ihr? 1/2
Wir leb_____ in Hamburg. 1/2	Hab_____ Sie Kinder? 1/2	Ich sprech_____ Deutsch. 1/2

Verbkonjugation

t	en	t
t	st	e
t	e	t
t	en	en
t	st	st
e	en	en

Lückenkarten zur Verbkonjugation

Spieler 1	Spieler 2	Spieler 3
1/2 -e	1/2 -e	1/2 -e
1/2 -st	1/2 -st	1/2 -st
1/2 -t	1/2 -t	1/2 -t
1/2 -en	1/2 -en	1/2 -en

Unbestimmter Artikel und Negativartikel

Das ist kein______ Apfel. 1/3	Das ist ein______ Ei. 1/3	Ist das ein______ Tomate? 1/3
Das ist kein______ Brötchen. 1/3	Ist das ein______ Kartoffel? 1/3	Das ist kein______ Fleisch. 1/3
Das ist kein______ Sahne. 1/3	Das ist ein______ Joghurt. 1/3	Das sind kein______ Eier. 1/3
Das sind kein______ Tomaten. 1/3	Das ist kein______ Wurst. 1/3	Das ist kein______ Milch. 1/3
Das ist kein______ Käse. 1/3	Das sind kein______ Orangen. 1/3	Ich möchte ein______ Kilo Kartoffeln. 1/3
Das ist ein______ Getränk. 1/3	Das ist kein______ Kaffee. 1/3	Das ist kein______ Tee. 1/3

Unbestimmter Artikel und Negativartikel

e	–	–
–	e	–
e	–	e
e	e	e
–	e	–
–	–	–

Lückenkarten zum unbestimmten Artikel und Negativartikel

Spieler 1	Spieler 2	Spieler 3
keine 1/3	keine 1/3	keine 1/3
kein 1/3	kein 1/3	kein 1/3
eine 1/3	eine 1/3	eine 1/3
ein 1/3	ein 1/3	ein 1/3

Bestimmter Artikel und Personalpronomen

Wo ist ______ Kantstraße? – ______ ist hier. 1/4	Wo ist hier ______ Telefon? – ______ ist dort. 1/4	Wie gefällt Ihnen ______ Lampe? – ______ ist sehr schön. 1/4
Woher kommt ______ Mann? – ______ kommt aus Österreich. 1/4	Wo sind ______ Tomaten? – ______ sind hier. 1/4	Wo ist ______ Verkäufer? – ______ kommt sofort. 1/4
Entschuldigung, wo ist ______ Toilette? – ______ ist hier. 1/4	Gefällt Ihnen ______ Wohnung? – Ja, ______ ist schön. 1/4	Wo ist ______ Bad? – ______ ist dort. 1/4
Wo ist ______ Garage? – ______ ist da. 1/4	Was kosten ______ Stühle? – ______ sind nicht billig: 180 Euro. 1/4	Wo ist ______ Wein? – ______ ist dort. 1/4
Welche Farbe hat ______ Schrank? – ______ ist weiß. 1/4	Wie sind ______ Betten? – ______ sind breit. 1/4	Gefällt Ihnen ______ Haus? – Nein, ______ ist sehr klein. 1/4
Wie viel kostet ______ Brot? – ______ kostet 2,90 Euro. 1/4	Wie gefallen Ihnen ______ Möbel? – ______ sind schön. 1/4	Wie alt ist ______ Tisch? – ______ ist sechs Jahre alt. 1/4

Bestimmter Artikel und Personalpronomen

die – Sie	das – Es	die – Sie
der – Er	die – Sie	der – Er
das – Es	die – sie	die – Sie
der – Er	die – Sie	die – Sie
das – es	die – Sie	der – Er
der – Er	die – Sie	das – Es

Lückenkarten zum bestimmten Artikel und Personalpronomen

Spieler 1	Spieler 2	Spieler 3
1/4 sie	1/4 sie	1/4 sie
1/4 die	1/4 die	1/4 die
1/4 es	1/4 es	1/4 es
1/4 das	1/4 das	1/4 das
1/4 er	1/4 er	1/4 er
1/4 der	1/4 der	1/4 der

Verbkonjugation, trennbare Verben

Mein Bruder – im Supermarkt – arbeiten 1/5	Am Abend – ich – fernsehen 1/5	Der Deutschkurs – um 9.30 Uhr – anfangen 1/5
Ich – meine Mutter – anrufen 1/5	Um 13 Uhr – wir – essen 1/5	 Er – kein Schweinefleisch – essen 1/5
Robert – 30 Jahre alt – sein 1/5	Er – ein bisschen Deutsch – sprechen 1/5	Um 7 Uhr – ich – aufstehen 1/5
Ich – nicht so gern – spazieren gehen 1/5	Ihr – gern Kuchen – essen 1/5	Die Kinder – das Kinderzimmer – aufräumen 1/5
Du – immer spät – aufstehen 1/5	Ich – die Wohnung – aufräumen 1/5	Du – verheiratet – sein 1/5
Ihr – müde – sein 1/5	Niko – gern – fernsehen 1/5	Du – gern Wurst – essen 1/5

Verbkonjugation, trennbare Verben

Der Deutschkurs **fängt** um 9.30 Uhr **an**.	Am Abend **sehe** ich **fern**.	Mein Bruder **arbeitet** im Supermarkt.
Er **isst** kein Schweinefleisch.	Um 13 Uhr **essen** wir.	Ich **rufe** meine Mutter **an**.
Um 7 Uhr **stehe** ich **auf**.	Er **spricht** ein bisschen Deutsch.	Robert **ist** 30 Jahre alt.
Die Kinder **räumen** das Kinderzimmer **auf**.	Ihr **esst** gern Kuchen.	Ich **gehe** nicht so gern **spazieren**.
Du **bist** verheiratet.	Ich **räume** die Wohnung **auf**.	Du **stehst** immer spät **auf**.
Du **isst** gern Wurst.	Niko **sieht** gern **fern**.	Ihr **seid** müde.

Nominativ oder Akkusativ?

Möchtest du e______ Cola? 1/6	Wo ist d______ Buch? 1/6	Ich habe e______ Sohn und e______ Tochter. 1/6
Hast du e______ Buch? 1/6	Wir haben k______ Milch mehr. 1/6	Hast du e______ Kugelschreiber dabei? 1/6
Ich hätte gern e______ Apfelkuchen. 1/6	Wir brauchen e______ neuen Kühlschrank. 1/6	Ich hätte gern e______ Kartoffelsalat. 1/6
Sind Sie d______ Vater von Maria? 1/6	Ich frage d______ Vater von Maria. 1/6	Möchten Sie e______ Kaffee? 1/6
Wo ist bitte d______ Verkäufer? 1/6	Haben Sie d______ Hausaufgaben dabei? 1/6	Trinkst du noch e______ Apfelsaft? 1/6
Trinkst du auch e______ Tee? 1/6	D______ Tee ist kalt. 1/6	Tut mir leid, wir haben k______ Bananen mehr. 1/6

Nominativ oder Akkusativ?

einen – eine	das	eine
einen	keine	ein
einen	einen	einen
einen	den	der
einen	die	der
keine	Der	einen

Perfekt mit *haben* oder *sein*

Er ______ gestern viel gearbeitet. 1/7	Ich ______ gut geschlafen. 1/7	Susanne ______ eine Suppe gekocht. 1/7
Niko ______ nach Berlin gefahren. 1/7	Wann ______ Bruno gekommen? 1/7	Am Samstag ______ ich getanzt. 1/7
Niko ______ eine E-Mail geschrieben. 1/7	Sara ______ um 21.30 Uhr ins Bett gegangen. 1/7	Am Sonntag ______ ich spazieren gegangen. 1/7
Was ______ er gestern gegessen? 1/7	Wo ______ Niko früher gewohnt? 1/7	Bruno ______ Musik gehört. 1/7
Ich ______ nach Polen gefahren. 1/7	Ich ______ zwei Jahre in Paris gewohnt. 1/7	Ich ______ um 19 Uhr nach Hause gekommen. 1/7
Ich ______ Bananen gekauft. 1/7	Sara ______ die Hausaufgaben gemacht. 1/7	Gestern ______ ich sehr viel gegessen. 1/7

Perfekt mit *haben* oder *sein*

hat	habe	hat
habe	ist	ist
bin	ist	hat
hat	hat	hat
bin	habe	bin
habe	hat	habe

Lückenkarten zum Perfekt mit *haben* oder *sein*

Spieler 1	Spieler 2	Spieler 3
habe 1/7	habe 1/7	habe 1/7
hat 1/7	hat 1/7	hat 1/7
bin 1/7	bin 1/7	bin 1/7
ist 1/7	ist 1/7	ist 1/7

Präsens und Präteritum: *sein* und *haben*

Wo ______ (sein) du gestern? 2/8	Ich ______ (sein) gestern zu Hause. 2/8	Leider ______ (haben) wir gestern keine Zeit. 2/8
Gestern ______ (sein) wir im Kino. 2/8	Jan ______ (haben) früher eine große Firma. 2/8	Heute ______ (sein) Jan glücklich. 2/8
______ (haben) du früher viele Freunde? 2/8	______ (sein) du heute glücklich? 2/8	Wo ______ (sein) ihr gestern Nachmittag? 2/8
Heute ______ (sein) ich sehr müde. 2/8	Olli und Claudia ______ (haben) heute keine Zeit. 2/8	Früher ______ (haben) ich kein Geld. 2/8
Jetzt ______ (sein) ihr in Deutschland. 2/8	Früher ______ (sein) Niko manchmal traurig. 2/8	Heute ______ (sein) wir am Abend zu Hause. 2/8
Jetzt ______ (haben) ich keine Arbeit. 2/8	Jetzt ______ (haben) Niko viele Freunde. 2/8	______ (haben) ihr gestern auch so schlechtes Wetter? 2/8

Präsens und Präteritum: *sein* und *haben*

hatten	war	warst
ist	hatte	waren
wart	Bist	Hattest
hatte	haben	bin
sind	war	seid
Hattet	hat	habe

Modalverben

ich – Ihnen – helfen – Können – ? 2/9	Ich – jetzt – gehen – müssen – . 2/9	du – mich heiraten – Wollen – ? 2/9
Ich – noch nicht – schlafen – wollen – . 2/9	Hier – du – nicht rauchen – dürfen – . 2/9	Du – jetzt – ins Bett gehen – müssen – . 2/9
Papa – heute lange – arbeiten – müssen – . 2/9	Sie mir – helfen – Können – ? 2/9	du – eine Zigarette – Möchten – ? 2/9
du – einen Moment – warten – Können – ? 2/9	Mein Sohn – heute nicht – in die Schule – gehen – können – . 2/9	Er – keinen Alkohol – trinken – dürfen – . 2/9
ihr – Englisch – Können – ? 2/9	ihr – heute – Pizza essen – Wollen – ? 2/9	Niko – ins Kino – gehen – möchten – . 2/9
Er – hier – bleiben – wollen – . 2/9	Sie – die Unterschrift – nicht vergessen – dürfen – . 2/9	Herr Lopez, Sie – den Kurs noch – bezahlen – müssen – . 2/9

Modalverben

Willst du mich heiraten?	Ich **muss** jetzt gehen.	**Kann** ich Ihnen helfen?
Du **musst** jetzt ins Bett gehen.	Hier **darfst** du nicht rauchen.	Ich **will** noch nicht schlafen.
Möchtest du eine Zigarette?	**Können** Sie mir helfen?	Papa **muss** heute lange arbeiten.
Er **darf** keinen Alkohol trinken.	Mein Sohn **kann** heute nicht in die Schule gehen.	**Kannst** du einen Moment warten?
Niko **möchte** ins Kino gehen.	**Wollt** ihr heute Pizza essen?	**Könnt** ihr Englisch?
Herr Lopez, Sie **müssen** den Kurs noch bezahlen.	Sie **dürfen** die Unterschrift nicht vergessen.	Er **will** hier bleiben.

Schritte plus – Grammatikspiele

Spielesammlung

Possessivartikel: *sein*- und *ihr*-

das Auto  2/10	die Chefin  2/10	die Wohnung  2/10
der Freund  2/10	die Freundin  2/10	das Fahrrad  2/10
das Wörterbuch  2/10	der Stift  2/10	der Hund  2/10
die Käsebrote  2/10	der Kuchen  2/10	die Frau  2/10
das Problem  2/10	die Schokolade  2/10	die Eltern  2/10
der Kaffee  2/10	der Spielplatz  2/10	die Hausaufgaben  2/10

Possessivartikel: *sein-* und *ihr-*

ihre	ihre	sein
ihr	seine	ihr
sein	ihr	sein
seine	ihr	ihre
ihre	ihre	sein
ihre	ihr	ihr

Lokale Präpositionen: *bei* und *in*

Ich war ______ Kino. 2/11	Warst du heute schon ______ Supermarkt? 2/11	Ich war ______ mein______ Freundin. 2/11
Ich wohne ______ Augustenstraße ______ München. 2/11	Ich war gerade ______ Bäcker. 2/11	Gestern war ich ______ Arzt. 2/11
Am Vormittag ist Sara ______ Schule. 2/11	Am Samstag sind wir ______ Stadtpark spazieren gegangen. 2/11	Ich bin gerade ______ Antonio. 2/11
Meine Tante wohnt ______ Schweiz. 2/11	Sara wohnt noch ______ ihr______ Eltern. 2/11	Ich bin gerade ______ Deutschkurs. 2/11
Wir waren ______ Stadt und haben einen Schrank gekauft. 2/11	Das Büro ist ______ dritten Stock. 2/11	Am Wochenende waren wir ______ Freunden. 2/11
Den Computer habe ich ______ Aldo gekauft. 2/11	Letztes Jahr war ich ______ Österreich, ______ Wien. 2/11	Hasan arbeitet ______ WAFAG. 2/11

Lokale Präpositionen: *bei* und *in*

bei meiner	im	im
beim	beim	in der – in
bei	im	in der
im	bei ihren	in der
bei	im	in der
bei	in – in	bei

Lokale Präpositionen: *zu, nach, in*

Morgen möchte ich ______ Friseur gehen. 2/11	Ich fahre ______ mein______ Freundin ______ Köln. 2/11	Ich gehe jetzt ______ Bücherei. 2/11
Wir müssen noch schnell ______ Supermarkt gehen. 2/11	Sara geht schon ______ Schule. 2/11	In der Pause gehen wir ______ Bäcker. 2/11
Kannst du das Auto ______ Werkstatt bringen? 2/11	Ich fahre ______ mein______ Großeltern ______ Istanbul. 2/11	Nach dem Deutschkurs gehen wir noch ______ Maria. 2/11
Ich muss heute ______ Zahnarzt. 2/11	Ich habe kein Geld mehr. Ich muss ______ Bank. 2/11	Ich bin müde. Ich gehe jetzt ______ Hause. 2/11
2009 bin ich zum ersten Mal ______ Deutschland gefahren. 2/11	Kommst du mit ______ Kino? 2/11	Gehen wir heute Nachmittag ______ Schwimmbad? 2/11
Am Wochenende gehen wir ______ Park. 2/11	Gute Nacht! Ich gehe jetzt ______ Bett. 2/11	Nächstes Jahr möchten wir ______ Türkei fliegen. 2/11

Lokale Präpositionen: *zu, nach, in*

zur / in die	zu meiner – nach	zum
zum	zur (in die)	zum (in den)
zu	zu meinen – nach	zur / in die
nach	zur	zum
ins	ins	nach
in die	ins	in den

Temporale Präpositionen: *vor, bei, nach*

Bitte, wasch dir vor ______ Essen die Hände. 2/12	Nach ______ Prüfung machen wir eine kleine Party. 2/12	Bei______ Frühstück lese ich gern Zeitung. 2/12
Vor ______ Prüfung möchte ich alles gut lernen. 2/12	Vor ______ Party muss ich noch zum Friseur. 2/12	Bei ______ Hausaufgaben höre ich immer Musik. 2/12
Bitte stör mich nicht bei______ Telefonieren. 2/12	Vergiss nicht: nach ______ Essen Zähne putzen! 2/12	Mama, darf ich spielen? – Erst nach ______ Hausaufgaben. 2/12
Wir sehen bei______ Essen immer fern. 2/12	Bei______ Joggen sollten Sie nicht zu viel sprechen. 2/12	Vor ______ Reise müssen wir noch einkaufen. 2/12
Nach ______ Arbeit gehe ich noch einkaufen. 2/12	Nach ______ Essen trinkt er einen Kaffee. 2/12	Darf man bei______ Autofahren telefonieren? 2/12
Nach ______ Fest räumen wir alle zusammen auf. 2/12	Nach ______ Sport können Sie hier duschen. 2/12	Bei ______ Arbeit dürfen Sie nicht rauchen. 2/12

Temporale Präpositionen: *vor, bei, nach*

Beim	der	dem
den	der	der
den	dem	beim
der	Beim	beim
beim	dem	der
der	dem	dem

Frageartikel *welch-?*

______ Kurs möchten Sie besuchen? 2/13	______ Brot soll ich kaufen? 2/13	______ U-Bahn fährt zum Hauptbahnhof? 2/13
______ Hose findest du schöner? 2/13	______ Restaurant können Sie mir empfehlen? 2/13	______ Kleid steht mir am besten? 2/13
______ Stift möchtest du? 2/13	______ Pullover gefällt dir besser? 2/13	______ Bluse möchten Sie? 2/13
______ Mantel gehört Ihnen? 2/13	______ Seite sollen wir lesen? 2/13	______ Kamera ist besser? 2/13
______ Kuchen hätten Sie gern? 2/13	______ Film willst du sehen? 2/13	Mama, ______ Schuhe soll ich anziehen? 2/13
______ Übung sollen wir als Hausaufgabe machen? 2/13	______ Buch hast du gelesen? 2/13	______ Lied möchtest du hören? 2/13

Frageartikel *welch-?*

Welche	Welches	Welchen
Welches	Welches	Welche
Welche	Welcher	Welchen
Welche	Welche	Welcher
welche	Welchen	Welchen
Welches	Welches	Welche

Personalpronomen: *dich* oder *dir* / *Sie* oder *Ihnen*

Die Jacke passt ______ gut. 2/14	Wie geht es ______? 2/14	Passen ______ die Schuhe? 2/14
Ich möchte ______ gern heiraten. 2/14	Gehören die Schlüssel ______? 2/14	Ich möchte ______ einladen. 2/14
Am Sonntag kann ich ______ besuchen. 2/14	Ich liebe ______. 2/14	Ich rufe ______ morgen an. 2/14
Kann ich ______ etwas fragen? 2/14	Gefallen ______ die Schuhe? 2/14	Ich habe ______ nicht gesehen. 2/14
Ich habe ______ nicht verstanden. 2/14	Ich finde ______ total nett. 2/14	Ich kenne ______, oder? 2/14
Soll ich ______ helfen? 2/14	Hat es ______ geschmeckt? 2/14	Wie hat ______ der Film gefallen? 2/14

Personalpronomen: ***dich*** oder ***dir / Sie*** oder ***Ihnen***

✓ dir / Ihnen	✓ dir / Ihnen	✓ dir / Ihnen
✓ dich / Sie	✓ dir / Ihnen	✓ dich / Sie
✓ dich / Sie	✓ dich / Sie	✓ dich / Sie
✓ dich / Sie	✓ dir / Ihnen	✓ dich / Sie
✓ dich / Sie	✓ dich / Sie	✓ dich / Sie
✓ dir / Ihnen	✓ dir / Ihnen	✓ dir / Ihnen

Lückenkarten zu Personalpronomen: *dich* oder *dir* / *Sie* oder *Ihnen*

Spieler 1	Spieler 2	Spieler 3
Ihnen 2/14	Ihnen 2/14	Ihnen 2/14
Sie 2/14	Sie 2/14	Sie 2/14
dir 2/14	dir 2/14	dir 2/14
dich 2/14	dich 2/14	dich 2/14

Anleitung

Wortschatzkarte

Vorderseite
Wort

Wortschatzkarte

Rückseite
Erklärung / Bild

Anmerkung:
Die Wörter zu den Wortschatzspielen entsprechen dem Lernwortschatz von *Schritte plus* (vgl. Lernwortschatzseiten im Arbeitsbuch).

die Werkstatt, ¨-en

Dort arbeitet ein Automechaniker. ✔

Möglichkeit 1: Erklärung → Wort

VORBEREITUNG
Kopieren Sie für jeweils drei TN das Wortschatzspiel (zweiseitig) möglichst auf stärkeres Papier oder Karton und schneiden Sie die Karten aus oder bringen Sie genug Scheren mit, damit die TN die Karten selbst ausschneiden können.

1 Die TN bilden Dreiergruppen. Jede Gruppe erhält ein Set Wortschatzkarten. Die Kärtchen liegen mit der Worterklärung nach oben in einem Stapel auf dem Tisch.
2 Ein TN liest die oberste Worterklärung vor und nennt das gesuchte Wort. Bei Nomen sollte auch der Artikel genannt werden. Wenn der TN keine Antwort weiß, bekommt der nächste TN die Möglichkeit, richtig zu antworten. Ist die Gruppe mit der Lösung einverstanden, wird die Wortschatzkarte umgedreht, um die Antwort mit der Lösung zu vergleichen.
3 Nun ist der nächste TN mit der nächsten Karte an der Reihe.
4 Karten, die kein TN der Gruppe richtig lösen konnte, werden in einem zweiten Durchgang erneut bearbeitet.

Möglichkeit 2: Wort → Erklärung (ab A2)

VORBEREITUNG
Kopieren Sie für jeweils drei TN das Wortschatzspiel (zweiseitig) möglichst auf stärkeres Papier oder Karton und schneiden Sie die Karten aus oder bringen Sie genug Scheren mit, damit die TN die Karten selbst ausschneiden können.

1 Die TN bilden Dreiergruppen. Jede Gruppe erhält ein Set Wortschatzkarten. Die TN legen die Kärtchen mit der Vorderseite, also mit dem Wort nach oben, in einem Stapel auf den Tisch.
2 Ein TN erklärt das erste Wort (z. B. durch Umschreibung, Synonym, Antonym, Beispielsatz, Pantomime). Die Rückseite des Kärtchens dient zur Kontrolle. Wenn der TN das zu beschreibende Wort nicht kennt, kommt das Wort wieder unter den Stapel.
3 Nun ist ein anderer TN mit der nächsten Karte dran.
Variante: Die Karten werden auf dem Tisch ausgebreitet. So können die TN sich „ihre" zu erklärenden Wörter auswählen.

Anleitung

Möglichkeit 3: Party: Erklärung → Wort oder Wort → Erklärung

VORBEREITUNG: Kopieren Sie das Wortschatzspiel (zweiseitig) einmal auf stärkeres Papier oder Karton und schneiden Sie die Karten aus. Wenn Sie mehr als 15 TN haben, brauchen Sie eine zweite Kopie.

1 Jeder TN erhält ein Kärtchen.
2 Die TN gehen im Kursraum umher und suchen sich eine Person, der sie das gesuchte Wort mit eigenen Worten erklären oder der sie die Worterklärung vorlesen bzw. das Bild auf der Karte zeigen. Die Partnerin / Der Partner nennt das gesuchte Wort und verfährt mit ihrer/ seiner Karte ebenso. Selbstverständlich kann man auch umgekehrt vorgehen, indem man das Wort nennt und dann um eine Erklärung bittet.
3 Die Kärtchen werden getauscht und jeder sucht sich eine neue Person.

Möglichkeit 4: Wettbewerb: Erklärung → Wort

VORBEREITUNG: Kopieren Sie die Rückseite des Wortschatzspiels (= Worterklärungen) auf eine Folie.

1 Teilen Sie den Kurs in mehrere Gruppen und zeigen Sie am Tageslichtprojektor eine Worterklärung. Die übrigen Worterklärungen sind noch abgedeckt.
2 Die Gruppe, die zuerst das gesuchte Wort nennt, bekommt einen Punkt. Verfahren Sie ebenso mit den weiteren Worterklärungen.

Möglichkeit 5: Wort → eigene Erklärung → Wort (ab A1/2)

VORBEREITUNG: Kopieren Sie die Vorderseite des Wortschatzspiels (= Wörter) nur einmal und schneiden Sie die Karten aus. Wenn Sie mehr als 15 TN haben, teilen sich zwei TN ein Kärtchen oder Sie fügen selbst erstellte Karten oder Karten aus einer anderen Lektion hinzu. Als Hilfe können die TN den Lernwortschatz im Arbeitsbuch von *Schritte plus* vor sich haben.

1 Jeder TN erhält eine Karte, die er verdeckt.
2 Nach einer kurzen Vorbereitungszeit beginnt das Spiel und der erste TN versucht, sein Wort zu erklären, ohne das Wort selbst zu nennen (z. B. durch Umschreibung, Synonym, Antonym, Beispielsatz, Pantomime). Die anderen TN versuchen, das Wort zu erraten. Der TN, der das Wort erraten hat, ist als Nächster an der Reihe. *Variante:* Dieses Spiel kann auch in Kleingruppen gespielt werden.

Möglichkeit 6: Test

VORBEREITUNG: Nummerieren Sie die Rückseite der Kopiervorlage (= Worterklärungen) und machen Sie für jeden TN eine Kopie.

1 Jeder TN erhält eine Kopie der Worterklärungen.
2 Nun trägt er in seinem Heft oder auf einem Blatt Papier zu jeder Nummer das gesuchte Wort ein.

Anleitung

Möglichkeit 7: Test oder schriftliche Übung

VORBEREITUNG
Kopieren Sie die Vorder- und Rückseite des Wortschatzspiels einmal auf zwei separate Blätter, schneiden Sie die Kärtchen aus, nummerieren Sie sie und kleben Sie sie auf ein größeres Blatt Papier (DIN A3). Die Wörter stehen untereinander links, die Erklärungen in einer rechten Spalte, jedoch in ungeordneter Reihenfolge. Kopieren Sie diese selbst erstellte Vorlage nun für jeden TN.

Jeder TN erhält eine Kopie und ordnet die Wörter der passenden Erklärung zu.
Variante: Die TN bearbeiten das Arbeitsblatt zu zweit.

Möglichkeit 8: Sätze bilden (ab A1/2)

VORBEREITUNG
Kopieren Sie die Vorderseite des Wortschatzspiels für jeweils zwei TN auf ein Papier. Wenn Sie für eine andere Spielmöglichkeit bereits Kärtchen erstellt haben, können Sie diese natürlich ebenfalls verwenden.

1 Die TN arbeiten zu zweit. Vor ihnen liegt die Vorderseite des Wortschatzspiels als Kopie oder als Kärtchen. Geben Sie einen zeitlichen Rahmen von ca. zehn Minuten vor.
2 Die TN schreiben Sätze, in denen mindestens drei der vorliegenden Wörter vorkommen, in ihr Heft oder auf ein Plakat.
3 Anschließend präsentiert jedes Team seine Sätze (z. B. durch Vorlesen, Tafelanschrieb oder Aufhängen eines Plakats). Sie können Fehler während Schritt 2 oder während der Präsentation im Plenum korrigieren.

Möglichkeit 9: Lernkartei

(Siehe Anleitung zu den Grammatikspielen auf Seite 11)

Möglichkeit 10: Lernstationen

(Siehe Anleitung zu den Grammatikspielen auf Seite 11)

Anleitung

Einsatz im Unterricht

Die Wortschatzspiele eignen sich besonders

- zur Wiederholung und zum Abfragen des Wortschatzes am Ende einer Lektion oder vor Prüfungen: Besonders TN, denen es schwerfällt, zu Hause selbstständig Vokabeln zu lernen, bekommen so während des Unterrichts die Möglichkeit, Wortschatz zu wiederholen, zu festigen und anzuwenden.
- zur Binnendifferenzierung: Durch die Arbeit in Kleingruppen ist es leichter, auf die unterschiedlichen Kenntnisse und Bedürfnisse der TN einzugehen. Einerseits erhalten ungeübte TN zusätzliche Übungsmöglichkeiten, andererseits werden schnellere TN sinnvoll beschäftigt, wenn diese mit einer Aufgabe schon fertig sind.
- zur Aktivierung der TN: Bei diesen Übungsformen sind alle TN gefordert, sich aktiv zu beteiligen. Durch den spielerischen Charakter werden auch zurückhaltende TN dazu angeregt, sich zu äußern.
- zur Vermittlung und Anwendung von Lerntechniken: Manchen TN fällt es schwer, sich neuen Wortschatz einzuprägen. Durch den regelmäßigen Einsatz der Wortschatzspiele machen Sie die TN mit verschiedenen Lernmethoden vertraut.
- zur Erweiterung der Ausdrucksfähigkeit: Die TN lernen bereits auf A1-Niveau, Wörter auf Deutsch zu erklären oder zu umschreiben, und erweitern so ihre Ausdrucksfähigkeit. Wenn sie ein Wort vergessen haben, fällt ihnen häufig zumindest die Erklärung ein. Darüber hinaus werden sie immer sicherer darin, ohne ihre Muttersprache zu kommunizieren.

Wörter

fragen 1/1	schreiben 1/1	lesen 1/1
hören 1/1	buchstabieren 1/1	spielen 1/1
sprechen 1/1	(das) Land 1/1	(die) Straße 1/1
(die) Stadt 1/1	(die) Postleitzahl 1/1	(die) Sprache 1/1
(der) Buchstabe 1/1	(das) Telefon 1/1	(die) Hausnummer 1/1

Erklärungen

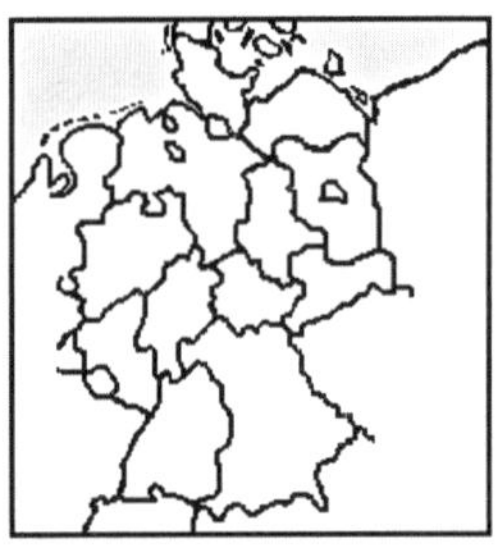

Deutsch,
Türkisch,
Arabisch,
Englisch ...

↓
14089 Berlin

Berlin,
Wien,
Zürich,
London ...

Wörter

(der) Vater 1/2	(die) Mutter 1/2	(die) Tochter 1/2
(der) Sohn 1/2	(die) Oma / Großmutter 1/2	(der) Opa / Großvater 1/2
(die) Kinder 1/2	(die) Eltern 1/2	(das) Baby 1/2
(die) Familie 1/2	geschieden 1/2	verheiratet 1/2
(die) Großeltern 1/2	(der) Bruder 1/2	(die) Schwester 1/2

Erklärungen

Wörter

(der) Apfel 1/3	(die) Banane 1/3	(die) Wurst 1/3
(das) Obst 1/3	(das) Brot 1/3	(das) Brötchen 1/3
(der) Kuchen 1/3	(das) Ei 1/3	(der) Fisch 1/3
(das) Fleisch 1/3	(der) Wein 1/3	(der) Kaffee 1/3
(der) Käse 1/3	(die) Kartoffel 1/3	(die) Birne 1/3

Erklärungen

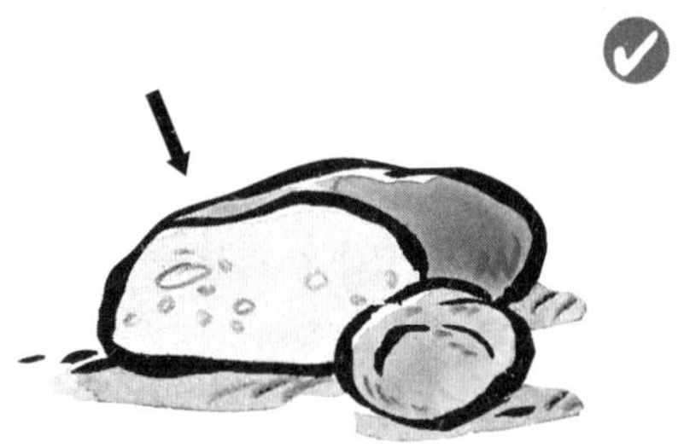

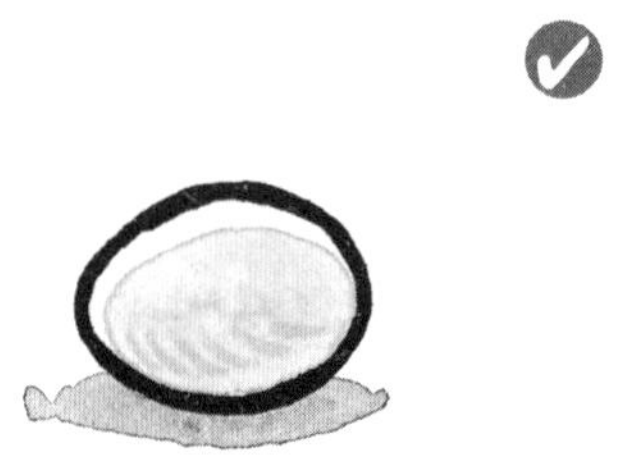

Wörter

das Bett, -en 1/4	der Tisch, -e 1/4	der Stuhl, ¨-e 1/4
das Sofa, -s 1/4	der Schrank, ¨-e 1/4	das Regal, -e 1/4
die Lampe, -n 1/4	der Kühlschrank, ¨-e 1/4	die Waschmaschine, -n 1/4
der Herd, -e 1/4	die Badewanne, -n 1/4	die Dusche, -n 1/4
das Waschbecken, - 1/4	der Fernseher, - 1/4	der Schreibtisch, -e 1/4

Erklärungen

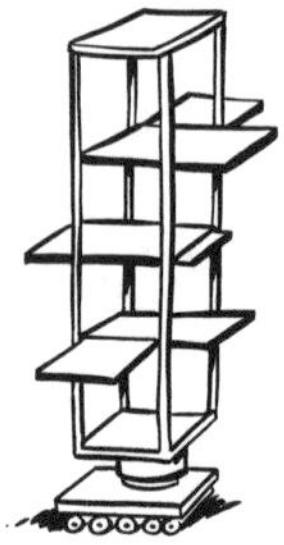
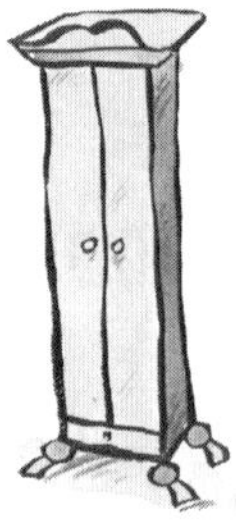

Wörter

auf|stehen 1/5	arbeiten 1/5	an|rufen 1/5
auf|räumen 1/5	ein|kaufen 1/5	essen, du isst, er isst 1/5
fern|sehen, du siehst fern, er sieht fern 1/5	frühstücken 1/5	Fußball spielen 1/5
die Hausaufgaben machen 1/5	in die Schule bringen 1/5	Musik hören 1/5
ins Kino gehen 1/5	spazieren gehen 1/5	kochen 1/5

Erklärungen

Wörter/Ausdrücke

Es regnet. (regnen) 1/6	Die Sonne scheint. (scheinen) 1/6	Es ist windig. 1/6
Es schneit. (schneien) 1/6	Es ist kalt. 1/6	Es ist warm. 1/6
Das Wetter ist gut. 1/6	Es ist bewölkt. 1/6	Es sind 25 Grad. 1/6
Wie viel Grad sind es? 1/6	Das Wetter ist schlecht. 1/6	der Frühling 1/6
der Winter 1/6	der Herbst 1/6	der Sommer 1/6

Erklärungen

Es ist ______________.

D______________
S______________
s______________.

Es ______________.

Es ist ______________.

Es ist ______________.

Es ______________.

Es sind
25 ______________.

Es ist ______________.

Das Wetter ist
______________.

März, April, Mai
= ______________

Das Wetter ist
______________.

Wie viel
______________ sind
es?

Juni, Juli, August
= ______________

September,
Oktober, November
= ______________

Dezember,
Januar, Februar
= ______________

Wörter

das Wochenende, -n 1/7	der See, -n 1/7	der Bus, -se 1/7
die Zeitung, -en 1/7	der Arzt, -̈e 1/7	krank 1/7
das Schwimmbad, -̈er 1/7	der Ausflug, -̈e 1/7	die Klasse, -n 1/7
gestern 1/7	reiten 1/7	positiv 1/7
der Junge, -n 1/7	das Mädchen, - 1/7	malen 1/7

Erklärungen

Samstag + Sonntag =

____

Sara hat Fieber.
Sie ist ______________.

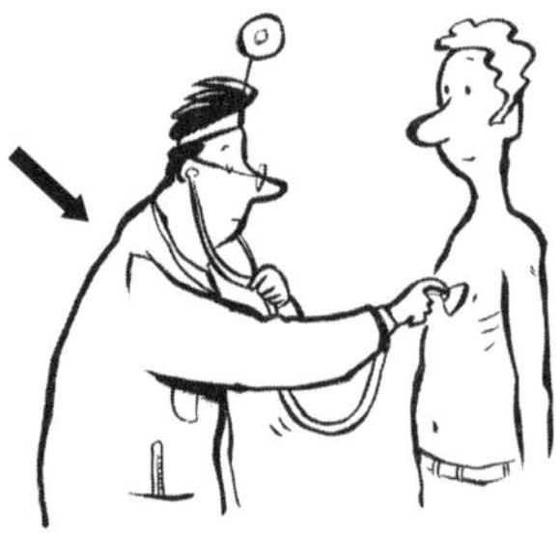

Fabian liest jeden Tag
______________.

30 Schüler
lernen zusammen.
Sie sind eine
K______________.

Die Schüler
fahren mit dem
Lehrer an den See.
= Sie machen einen
______________.

nicht negativ

heute = Dienstag
______________ =
Montag

Sara ist kein Junge.
Sara ist ein
______________.

Tom ist kein
Mädchen. Tom ist ein
______________.

Wörter

die Werkstatt, ¨-en 2/8	verdienen (hat verdient) 2/8	der Beruf, -e 2/8
die Kranken- schwester, -n 2/8	die Stunde, -n 2/8	arbeitslos 2/8
putzen, hat geputzt 2/8	langweilig 2/8	der Berg, -e 2/8
die Fahrschule, -n 2/8	die Arbeitszeit, -en 2/8	selbstständig 2/8
das Meer, -e 2/8	der Führerschein, -e 2/8	früher 2/8

Erklärungen

Lehrer, Mechaniker, Polizist, Taxifahrer: Das sind keine Hobbys, das sind ______________.

Für die Arbeit bekommen mein Mann und ich 2000 Euro pro Monat. = Wir ______________ 2000 Euro pro Monat.

Dort arbeitet ein Automechaniker.

Adem Karadeniz hat keine Arbeit. Er ist ______________.

Ein Tag hat 24 ______________.

Das Buch ist nicht interessant. Es ist ______________.

Jan hatte eine große Firma. Er war Chef und s______________.

Lisas A______________ sind von Montag bis Freitag, von 8 Uhr bis 17 Uhr.

Dort kann man Auto fahren lernen.

Jetzt lebt Niko in Deutschland. ______________ hat er in der Ukraine gelebt.

Erika hat Auto fahren gelernt. Sie hat jetzt den ______________.

Wörter

warten, hat gewartet 2/9	das Amt, ¨-er = die Behörde, -n 2/9	der Beamte, -n 2/9
das Formular, -e 2/9	aus|füllen, (hat ausgefüllt) 2/9	um|ziehen, (ist umgezogen) 2/9
eine Nummer ziehen, hat gezogen 2/9	der Pass, ¨-e 2/9	die Staats- angehörigkeit, -en 2/9
der Automat, -en 2/9	die Fahrkarte, -n 2/9	die Kasse, -n 2/9
männlich 2/9	der Erwachsene, -n 2/9	stempeln, hat gestempelt 2/9

Erklärungen

Der ______________ arbeitet auf einem Amt.

Dort arbeiten die Beamten. Niko und Sara sind dort.

Beim Arzt muss man oft lange w______________.

Niko möchte seine Wohnung wechseln. = Er möchte u______________.

Sie müssen in das Formular schreiben. = Sie müssen das Formular ______________.

die ______________ = die Nationalität

Niko muss eine Nummer z______________.

Im Supermarkt bezahlt man dort.

Im Bus muss man bezahlen. Man braucht eine F______________.

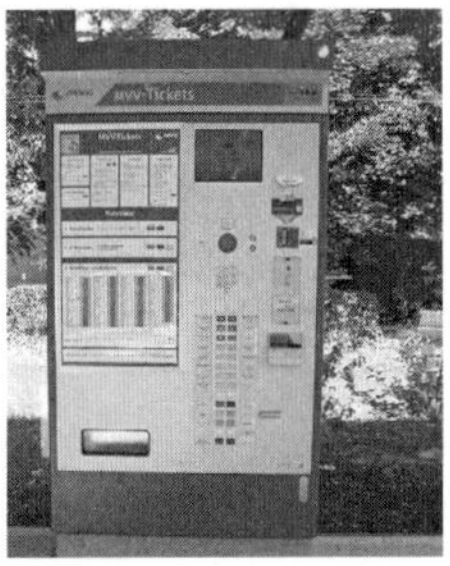

Man muss die Fahrkarte ______________.

Kind, Jugendlicher, mit 18 Jahren: E______________

Im Formular kreuzt Tina „weiblich“ an. Sie ist eine Frau. Bruno ist ein Mann. Er kreuzt „______________“ an.

Wörter

die Versicherten-karte, -n 2/10	die Kopfschmerzen 2/10	die Apotheke, -n 2/10
das Medikament, -e 2/10	der Unfall, ¨-e 2/10	der Verband, ¨-e 2/10
die Salbe, -n 2/10	die Krankmeldung, -en 2/10	die Tablette, -n 2/10
weh¦tun, (hat wehgetan) 2/10	schlimm 2/10	das Fieber 2/10
aus¦sehen, du siehst aus, er sieht aus, (hat ausgesehen) 2/10	das Rezept, -e 2/10	dick 2/10

Erklärungen

Dort kann man Medikamente kaufen.

Der Mann hat ______________.

Ich habe eine ______________. Ich bezahle den Arzt nicht. Die Versicherung zahlt.

Tabletten, Salben, Hustensaft, das sind ______________.

Du sollst drei ______________ nehmen.

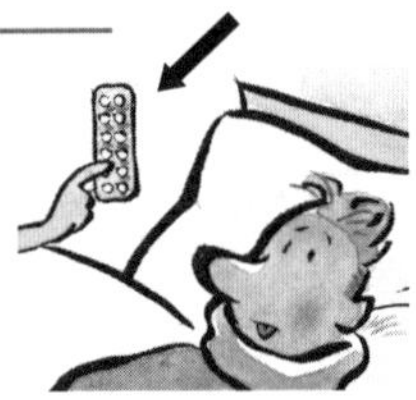

Arbeitsunfähigkeitsbescheinigung

AOK Bayern die Gesundh. 71101
Kerner
Maria
Bahnhofsplatz 7
80045 München
25.04.79
8310400
6420863
XX Erstbescheinigung
Folgebescheinigung
6420863
Dr. Michael Weber
Internist/Lungen-+
Bronchialheilkunde

Der Mann ist krank. Er hat 40 Grad ______________.

<u>nicht gut</u>

Ihre Hand sieht ______________ aus.

Sie haben Ohrenschmerzen. = Ihre Ohren ______________ ______________.

Der Fuß ist ganz d______________.

Praxis Dr. Michael Weber
Mondstr. 1
14089 Berlin

Paradoilan
3x täglich nach dem Essen

Sabine ist eine schöne Frau. = Sie ______________ gut ______________.

Wörter

das Flugzeug, -e 2/11	der Zug, -̈e 2/11	der Schalter, - 2/11
der Fahrplan, -̈e 2/11	der Flughafen, -̈ 2/11	die Bushaltestelle, -n 2/11
die Ampel, -n 2/11	der Stadtplan, -̈e 2/11	geradeaus 2/11
ab|fahren, du fährst ab, er fährt ab, (ist abgefahren) 2/11	an|kommen, (ist angekommen) 2/11	aus|steigen, (ist ausgestiegen) 2/11
ein|steigen, (ist eingestiegen) 2/11	fliegen, ist geflogen 2/11	pünktlich 2/11

Schritte plus – Wortschatzspiele

Spielesammlung

Schritte plus 2/11

Erklärungen

Dort kann man eine Fahrkarte kaufen oder Informationen bekommen.

Nach Amerika oder Asien fliegt man mit dem

______________.

Dort warte ich auf den Bus.

Am Bahnhof kann ich den Zug nehmen.
Am ______________
kann ich ein Flugzeug nehmen.

Haltestellen			
Marienburg Südpark	20:23	20:38	20:53
Marienburger Str.	20:24	20:39	20:54
Goltsteinstr./Gürtel	20:25	20:40	20:55
Tacitusstr.	20:27	20:42	20:57
Koblenzer Str.	20:28	20:43	20:58
Bonntor	20:29	20:44	20:59
Alteburger Wall	20:30	20:45	21:00
Rolandstr.	20:31	20:46	21:01
Chlodwigplatz	20:33	20:48	21:03

Gehen Sie

______________.

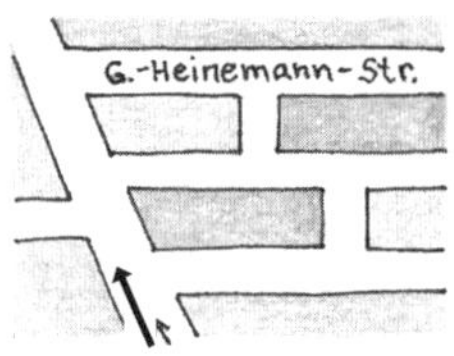

Die A______________
ist rot. Man muss warten.

HAMBURG 8.10 UHR
BERLIN 10.14 UHR

Der Zug ______________
um 10.14 Uhr in
Berlin ______________.

HAMBURG 8.10 UHR
BERLIN 10.14 UHR

Der Zug ______________
um 8.10 Uhr in Hamburg
______________.

Der Bus kommt nicht zu spät, er kommt
______________.

Mit dem Auto fahren wir, mit dem Flugzeug
______________ wir.

Wörter

die Briefmarke, -n 2/12	die Gebrauchs-anweisung, -en 2/12	die Rechnung, -en 2/12
der Techniker, - 2/12	reparieren, (hat repariert) 2/12	der Anruf-beantworter, - 2/12
die Nachricht, -en 2/12	wählen, hat gewählt 2/12	der Drucker, - 2/12
die Heizung, -en 2/12	die Steckdose, -n 2/12	der Stecker, - 2/12
aus¦schalten, (hat ausgeschaltet) = aus¦machen, (hat ausgemacht) 2/12	ein¦schalten, (hat eingeschaltet) = an¦machen, (hat angemacht) 2/12	unfreundlich 2/12

Erklärungen

Ich esse im Restaurant. Dann muss ich bezahlen. Der Ober bringt die __________.

Niko hat eine neue Waschmaschine. Er weiß nicht, wie sie funktioniert. Er liest die __________.

Ich bin nicht zu Hause. Mein Telefon antwortet automatisch. Auf dem __________ kann man eine Nachricht hinterlassen.

Das Auto ist kaputt. Der Mechaniker muss das Auto __________.

Er repariert elektrische Geräte, die Waschmaschine, den Herd ... = der __________

Ich möchte telefonieren. Zuerst muss ich die Telefonnummer w__________.

Eine SMS ist eine kurze N__________.

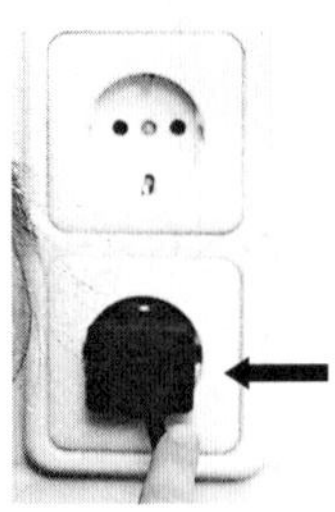

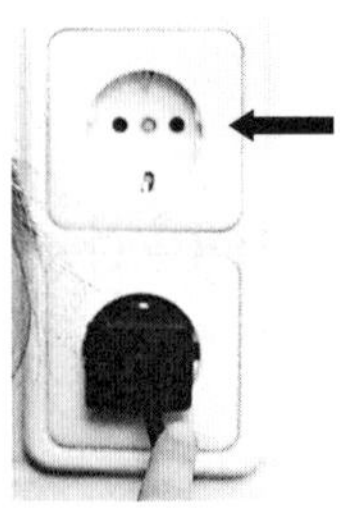

Im Winter ist es in der Wohnung kalt. Die __________ macht das Zimmer warm.

nicht freundlich

Es ist dunkel. Ich möchte lesen. Ich muss das Licht __________.

Ich möchte schlafen. Kannst du bitte das Licht __________?

Wörter

die Kleidung 2/13	das Kleid, -er 2/13	die Bluse, -n 2/13
das Hemd, -en 2/13	der Rock, ¨-e 2/13	der Gürtel, - 2/13
die Größe, -n 2/13	an|probieren, (hat anprobiert) 2/13	an|ziehen, (hat angezogen) 2/13
passen, hat gepasst 2/13	das Fundbüro, -s 2/13	der Koffer, - 2/13
der Regenschirm, -e 2/13	der Schlüssel, - 2/13	weg sein ist weg gewesen 2/13

Erklärungen

Die Hose, der Pullover, der Mantel, die Jacke ..., alles das ist ______________.

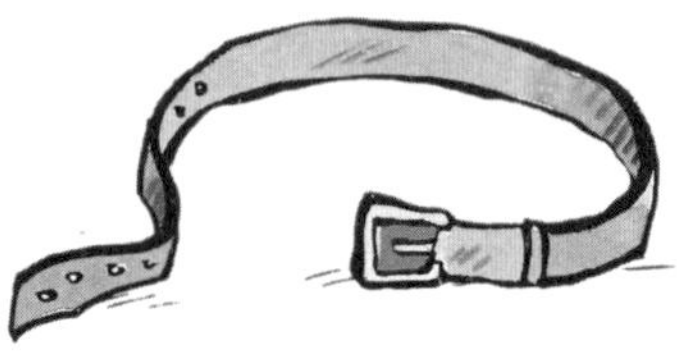

Ich dusche am Morgen. Nach dem Duschen muss ich meine Kleidung a______________.

Passen dir die Schuhe oder nicht? Du musst sie a______________.

Niko braucht Schuhe in ______________ 41 und einen Pullover in ______________ L.

Ich habe mein Handy verloren. Ich gehe zum F______________.

Die Schuhe sind zu klein. Sie ______________ mir nicht.

Mein Schlüssel ist nicht da. Er ist ______________.

Wörter

die Einladung, -en 2/14	das Fest, -e 2/14	der Feiertag, -e 2/14
der Geburtstag, -e 2/14	die Hochzeit, -en 2/14	(das) Silvester 2/14
(das) Weihnachten 2/14	ein|laden, du lädst ein, er lädt ein, (hat eingeladen) 2/14	feiern, hat gefeiert 2/14
Herzlichen Glückwunsch! 2/14	gratulieren, (hat gratuliert) 2/14	die Kirche, -n 2/14
der Ring, -e 2/14	Prost! 2/14	(das) Neujahr 2/14

Erklärungen

Am 1. Mai arbeiten die Leute nicht. Das ist ein politischer F_____________.

die Party

Am 31. Dezember feiern wir _____________.

Wir heiraten und machen ein großes Fest. Das Fest heißt _____________.

Sara wird 9 Jahre alt, sie hat G_____________.

ein Fest machen = ein Fest _____________

Wir heiraten. Wir möchten nicht allein feiern. Wir möchten unsere Familie und Freunde _____________.

An _____________ feiern Christen die Geburt von Jesus Christus.

Wir g_____________ unserer Freundin zum Geburtstag.

Alles Gute! (zum Geburtstag, zur Hochzeit ...)

Am 1. Januar ist Feiertag. Der Feiertag heißt _____________.

Alle sagen: „_____________!“

Anleitung

Wortkarte
Vorderseite

Apfel

Wortkarte
Rückseite

der

Artikelkarte

der

Spielbrett 1

alle richtig | leider falsch

Spielbrett 2

der | das | die

Möglichkeit 1: Kartenspiel mit Spielbrett 2

VORBEREITUNG Kopieren Sie für jede Gruppe à drei TN das Artikelspiel (zweiseitig) und das Spielbrett 2 auf stärkeres Papier oder Karton. Schneiden Sie die Wortkarten aus oder bringen Sie genug Scheren mit, damit die TN die Karten selbst ausschneiden können.

1 Die TN bilden Kleingruppen zu je drei TN. Jede Gruppe bekommt ein Set Wortkarten. Die Wortkarten werden unter den Gruppenmitgliedern aufgeteilt. Das Spielbrett liegt in der Mitte.
2 Die TN ordnen die Karten dem jeweils passenden Artikel auf dem Spielbrett 2 zu, indem sie die Karten so unter den passenden Artikel legen, dass alle Kärtchen sichtbar sind.
3 Anschließend korrigieren die TN die Zuordnung mithilfe der Lösung auf der Rückseite.
Variante: Kopieren Sie nur die Vorderseite der Spielkarten. Die TN tragen die Artikel auf der Rückseite selbst ein. Eine Überprüfung kann mithilfe des Lernwortschatzes im *Schritte plus*-Arbeitsbuch erfolgen.
4 Die TN bekommen ein bis zwei Minuten Zeit, um sich die Artikel einzuprägen.
5 Sie können das Spiel an dieser Stelle beenden oder mit Möglichkeit 2 fortfahren.

Möglichkeit 2: Kartenspiel mit Spielbrett 1

Hinweis: Dieses Spiel wird am besten in Kombination mit Möglichkeit 1 gespielt.

VORBEREITUNG Kopieren Sie für jede Gruppe à drei TN das Artikelspiel (zweiseitig), die Kopiervorlage „Artikelkarten“ sowie das Spielbrett 1 auf stärkeres Papier oder Karton. Schneiden Sie die Karten aus oder bringen Sie genug Scheren mit, damit die TN die Karten selbst ausschneiden können.

1 Die TN bilden Kleingruppen zu je drei TN.
2 Spielbrett 1 wird auf den Tisch gelegt. Jeder TN erhält die drei Artikelkarten der – das – die, die er wie bei einem traditionellen Kartenspiel in der Hand hält.
3 Jetzt werden die Wortkarten gemischt und mit dem Nomen nach oben auf einen Stapel gelegt.

Anleitung

4 Jeder TN legt nun die zur obersten Wortkarte passende Artikelkarte verdeckt auf den Tisch, ohne dabei zu sprechen. Erst wenn sich alle entschieden haben, werden die Artikelkarten aufgedeckt und mit dem Artikel auf der Rückseite der Wortkarte verglichen.
5 Haben alle TN der Gruppe den richtigen Artikel gelegt, kommt die Wortkarte auf das Feld „alle richtig", andernfalls wird sie auf das Feld „leider falsch" gelegt.
6 In einem zweiten Durchgang werden nur noch die auf dem Feld „leider falsch" liegenden Wortkarten bearbeitet. Je nach Bedarf können noch weitere Durchgänge folgen.

Möglichkeit 3: Artikeldiktat

VORBEREITUNG: Kopieren Sie die Vorderseite des Artikelspiels einmal. Wenn Sie mehr als 15 TN haben, fügen Sie selbst erstellte Karten oder Karten aus einer anderen Lektion dazu, sodass jeder TN eine Karte erhält. Schneiden Sie die Karten aus.

1 Jeder TN erhält eine Wortkarte.
2 Die TN lesen der Reihe nach ihr Wort ohne Artikel vor. Alle anderen schreiben das Wort mit dem bestimmten Artikel auf.
3 Am Ende schreibt ein TN die Lösungen an die Tafel oder Sie kopieren die Vorderseite des Artikelspiels auf eine Folie und die Artikel werden am Tageslichtprojektor ergänzt.

Möglichkeit 4: Artikelkarte hochheben

Hinweis: Dieses Spiel eignet sich besonders, wenn Sie auch sonst im Unterricht feste Farben für die Artikel verwenden und die TN an diese Memo-Hilfe gewöhnen möchten.

VORBEREITUNG: Stellen Sie jedem TN drei leere Karteikarten in verschiedenen Farben (z. B. Blau, Rot und Grün) zur Verfügung. Statt Karteikarten können Sie auch anderes farbiges Papier verwenden.

1 Jeder TN bekommt drei Karten in verschiedenen Farben, z. B. in Blau, Rot und Grün. Die blaue Karte wird mit „der" beschriftet, die grüne mit „das" und die rote mit „die".
2 Als Kursleitende(r) haben Sie die Vorderseite des Artikelspiels vor sich liegen. Lesen Sie ein Wort vor. Die TN heben, ohne zu sprechen, die Karte mit dem richtigen Artikel hoch. Tipp: Wenn Sie die TN mit einem Zeichen auffordern, die Artikelkarte zu heben, müssen sich alle gleichzeitig entscheiden und können sich nicht gegenseitig beeinflussen.
3 Wer den falschen Artikel gezeigt hat, notiert sich das Wort mit Artikel im Heft oder direkt auf der Artikelkarte.
Variante: Bei dieser Variante können auch Kleingruppen gegeneinander antreten. Dann sollte sich jede Gruppe möglichst leise auf eine gemeinsame Lösung einigen und erst dann den Artikel zeigen. Die Gruppe mit den meisten richtigen Antworten gewinnt.

Möglichkeit 5: Test oder Arbeitsblatt

VORBEREITUNG: Kopieren Sie für jeden TN die Vorderseite des Artikelspiels als Arbeitsblatt.

Teilen Sie die Kopien aus und bitten Sie die TN, die Artikel zu ergänzen.

Anleitung

Möglichkeit 6: Lernstationen

(siehe Anleitung zu den Grammatikspielen auf Seite 11)

Möglichkeit 7: Lernkartei

(siehe Anleitung zu den Grammatikspielen auf Seite 11)

Einsatz im Unterricht

Die Artikelspiele eignen sich besonders

- zur Wiederholung von Nomen mit Artikel: Besonders Anfängern fällt es manchmal schwer, den Sinn und Zweck von Artikeln zu erfassen und sich die Artikel einzuprägen. Mithilfe der Artikelspiele geben Sie ihnen Hilfestellung. Gleichzeitig prägen sich Bedeutung und Schreibweise der Wörter ein und es wird die Wortart „Nomen" verdeutlicht.
- zur Vermittlung von Lerntechniken: Sie möchten den TN Lerntechniken zum Wortschatz- und Artikelerwerb vermitteln. Bei Möglichkeit 1 bietet es sich z. B. an, bei Schritt 3 innezuhalten und die TN dazu anzuregen, sich mit eigenen Assoziationen Eselsbrücken zu bauen: *Schritte plus 1*, Lektion 4: Hier sind nur die Nomen Badewanne, Dusche, Lampe, Waschmaschine feminin. Bitten Sie die TN, sich vorzustellen, wie eine Frau in der Badewanne duscht und dabei eine Lampe auf der Waschmaschine fotografiert. Auf höheren Stufen können Sie drei Gruppen bilden. Eine Gruppe versucht, alle neutralen Wörter eines Artikelspiels in einem Satz zu verwenden, z. B. aus dem Wortschatz zu *Schritte plus 3*, Lektion 6: das Gymnasium, das Abitur, das Zeugnis, das Praktikum, das Fach. Ein Satz könnte sein: „Toni besucht das Gymnasium, macht das Abitur, bekommt ein gutes Zeugnis und macht dann ein Praktikum in England, weil Englisch sein liebstes Fach ist." Die anderen Gruppen widmen sich den maskulinen oder den femininen Nomen.
- um Grundlagen für die Einführung von Grammatik zu schaffen: Manche Grammatikregeln lassen sich besser einführen, wenn die TN das richtige Genus kennen. Zum Beispiel wird in *Schritte plus 2*, Lektion 8, der Dativ nach den Präpositionen „seit" und „vor" eingeführt. Wenn die TN wissen, dass Zeitangaben, die auf „-e" enden (Stunde, Minute, Sekunde, Woche), feminin sind, können sie sich auch leichter einprägen, dass sie nach „seit" und „vor" bei diesen Wörtern den Artikel „einer" benutzen müssen.
- zur Auflockerung und Motivation: Durch die Arbeit in Kleingruppen sind alle TN aufgefordert, sich aktiv zu beteiligen. Manche TN spornt es an, sich mit anderen zu messen. Außerdem können die TN sich gegenseitig motivieren und eigene Lernerfahrungen austauschen.

Artikelkarten

Spieler 1	Spieler 2	Spieler 3
die	die	die
das	das	das
der	der	der

Wörter

Badewanne 1/4	Bett 1/4	Dusche 1/4
Fernseher 1/4	Herd 1/4	Kühlschrank 1/4
Lampe 1/4	Regal 1/4	Schrank 1/4
Schreibtisch 1/4	Sofa 1/4	Stuhl 1/4
Tisch 1/4	Waschbecken 1/4	Waschmaschine 1/4

Artikel

die	das	die
der	der	der
der	das	die
der	das	der
die	das	der

Wörter

Frühstück 1/5	Fußball 1/5	Hausaufgabe 1/5
Mittagessen 1/5	Praxis 1/5	Öffnungszeit 1/5
Abend 1/5	Nacht 1/5	Sprechstunde 1/5
Bahnhof 1/5	Schild 1/5	Geburtstag 1/5
Tag 1/5	Kino 1/5	Information 1/5

Artikel

die	der	das
die	die	das
die	die	der
der	das	der
die	das	der

Wörter

Reise 1/6	Eis 1/6	Winter 1/6
Sport 1/6	Park 1/6	Regen 1/6
Sonne 1/6	Temperatur 1/6	Wetter 1/6
Wind 1/6	Sommer 1/6	Fahrrad 1/6
Film 1/6	Hobby 1/6	Brief 1/6

Artikel

✓ der	✓ das	✓ die
✓ der	✓ der	✓ der
✓ das	✓ die	✓ die
✓ das	✓ der	✓ der
✓ der	✓ das	✓ der

Wörter

Lehrerin 1/7	Unterricht 1/7	Arzt 1/7
Theater 1/7	Fotografie 1/7	Bus 1/7
Gruppe 1/7	Junge 1/7	Mädchen 1/7
Klasse 1/7	Problem 1/7	See 1/7
Wochenende 1/7	Schwimmbad 1/7	Zeitung 1/7

Artikel

der	der	die
der	die	das
das	der	die
der	das	die
die	das	das

Wörter

Test 2/8	Arbeitszeit 2/8	Büro 2/8
Job 2/8	Stelle 2/8	Stellenanzeige 2/8
Berg 2/8	Meer 2/8	Dorf 2/8
Führerschein 2/8	Stress 2/8	Fest 2/8
Universität 2/8	Urlaub 2/8	Idee 2/8

Artikel

das	die	der
die	die	der
das	das	der
das	der	der
die	der	die

Wörter

Amt 2/9	Antrag 2/9	Auskunft 2/9
Ausweis 2/9	Beamte 2/9	Behörde 2/9
Dokument 2/9	Pass 2/9	Visum 2/9
Formular 2/9	Nationalität 2/9	Staats-angehörigkeit 2/9
Nummer 2/9	Datum 2/9	Familienstand 2/9

Artikel

die	der	das
die	der	der
das	der	das
die	die	das
der	das	die

Wörter

Arm 2/10	Auge 2/10	Bauch 2/10
Bein 2/10	Finger 2/10	Fuß 2/10
Hals 2/10	Hand 2/10	Kopf 2/10
Mund 2/10	Nase 2/10	Ohr 2/10
Rücken 2/10	Zahn 2/10	Haar 2/10

Artikel

der	das	der
der	der	das
der	die	der
das	die	der
das	der	der

Wörter

(U-/S-)Bahn 2/11	Bus 2/11	Flugzeug 2/11
Straßenbahn 2/11	Zug 2/11	Abfahrt 2/11
Abflug 2/11	Ausgang 2/11	Bahnsteig 2/11
Bushaltestelle 2/11	Fahrplan 2/11	Flughafen 2/11
Gleis 2/11	Schalter 2/11	Ticket 2/11

Artikel

das	der	die
die	der	die
der	der	der
der	der	die
das	der	das

Wörter

Techniker 2/12	Gebrauchs-anweisung 2/12	Rechnung 2/12
Reparatur 2/12	Heizung 2/12	Briefmarke 2/12
Drucker 2/12	Bleistift 2/12	Brille 2/12
Licht 2/12	Marke 2/12	Modell 2/12
Anruf-beantworter 2/12	Nachricht 2/12	Programm 2/12

Artikel

die	die	der
die	die	die
die	der	der
das	die	das
das	die	der

Wörter

Größe 2/13	Bluse 2/13	Gürtel 2/13
Hemd 2/13	Hose 2/13	Jacke 2/13
Kleid 2/13	Mantel 2/13	Pullover 2/13
Rock 2/13	T-Shirt 2/13	Regenschirm 2/13
Erdgeschoss 2/13	Kaufhaus 2/13	Tasche 2/13

Artikel

der	die	die
die	die	das
der	der	das
der	das	der
die	das	das

Wörter

Einladung 2/14	Feiertag 2/14	Fest 2/14
Geburtstag 2/14	Hochzeit 2/14	Ring 2/14
Erfolg 2/14	Prüfung 2/14	Glück 2/14
SMS 2/14	Kirche 2/14	Neujahr 2/14
Meinung 2/14	Mitglied 2/14	Sportverein 2/14

Artikel

das	der	die
der	die	der
das	die	der
das	die	die
der	das	die

Anleitung

Anmerkung:
Schreiben Sie das Beispiel des Mini-Gesprächs an die Tafel und spielen Sie das Gesprächsmuster im Plenum durch. Bei manchen Mini-Gesprächen brauchen die TN etwas Fantasie, um eine Antwort zu finden. Falls das den TN Schwierigkeiten bereitet, können Sie vorab im Plenum Stichworte für mögliche Lösungen sammeln oder vorgeben.

Möglichkeit 1: „Party“

VORBEREITUNG: Kopieren Sie die Vorderseite des Mini-Gesprächs einmal auf stärkeres Papier oder Karton. Wenn Sie mehr als 18 TN haben, brauchen Sie eine zweite Kopie. Für ungeübte TN kopieren Sie zusätzlich auf die Rückseite die Lösungen, sofern vorhanden. Achten Sie in diesem Fall darauf, dass die TN die Karten so halten, dass die Partnerin/der Partner die Lösung nicht von der Rückseite ablesen kann. Schneiden Sie die Karten aus.

1 Die TN gehen im Kursraum umher. Sie können dazu beschwingte Party-Musik abspielen, damit eine gewisse Geräuschkulisse gegeben ist und die TN sich möglichst ungezwungen bewegen und miteinander sprechen können. Jeder TN bekommt eine Karte, sucht sich eine Gesprächspartnerin / einen Gesprächspartner, stellt seine Frage und beantwortet die Frage des anderen.
2 Dann werden die Karten getauscht, jeder sucht sich einen neuen Gesprächspartner.

Möglichkeit 2: Kugellager

VORBEREITUNG: wie Möglichkeit 1

1 Die TN stehen sich in einem Innenkreis und einem Außenkreis paarweise gegenüber. Jeder TN bekommt eine Karte und formuliert eine vollständige Frage.
2 Das Gegenüber antwortet, stellt seine Frage und wartet wiederum auf die Antwort.
3 Dann tauschen die Gesprächspartner ihre Karten miteinander.
4 Das „Kugellager“ rückt entweder nach Ihrer Ansage oder mit einer kurzen Musiksequenz eine oder mehrere Positionen im Uhrzeigersinn weiter, sodass jeder TN für das nächste Mini-Gespräch einer neuen Person gegenübersteht.

Möglichkeit 3: Gespräche in Kleingruppen oder in Partnerarbeit

VORBEREITUNG: Kopieren Sie das Mini-Gespräch für jede Kleingruppe einmal auf stärkeres Papier oder Karton und schneiden Sie die Karten aus oder bringen Sie genug Scheren mit, damit die TN die Karten selbst ausschneiden können. Bereiten Sie das Spiel wie bei Möglichkeit 1 beschrieben vor.

Lassen Sie die Mini-Gespräche in Kleingruppen oder zu zweit führen.

Möglichkeit 4: Schriftliche Übung

VORBEREITUNG: Kopieren Sie die Vorderseite des Mini-Gesprächs für jeden TN als Arbeitsblatt.

Anleitung

Verteilen Sie die Kopiervorlage als Arbeitsblatt an die TN und lassen Sie sie ganz oder teilweise schriftlich bearbeiten. Diese Möglichkeit bietet sich bei ungeübten TN zur Vorbereitung der Sprechübung an oder auch als Nachbereitung zu Hause.

Möglichkeit 5: Lernstationen

Mini-Gespräche, zu denen es auf der Rückseite eine eindeutige Lösung gibt, können Sie für Lernstationen einsetzen (siehe Anleitung zu den Grammatikspielen, Seite 11).

Einsatz im Unterricht

Die Mini-Gespräche eignen sich besonders

- zur Festigung bereits gelernter Redemittel und Grammatikstrukturen: Durch häufige Wiederholung werden Strukturen gefestigt und automatisiert. Dies kommt besonders TN zugute, die sich mit Grammatikerklärungen schwertun.
- zur Vorbereitung auf das freie Sprechen: Die Mini-Gespräche greifen Grammatikstrukturen auf und schaffen einen Übergang von stark gesteuerten Übungsformen zum freien Sprechen.
- zur Binnendifferenzierung: Ungeübte TN erhalten mit den Kärtchen (und den Lösungen) Hilfe und Orientierung. Sie können bestimmte Satzmuster einschleifen. Für geübte TN können Sie Hilfen weglassen oder sie bitten, weitere eigene Beispiele zu finden, für die das Satzmuster passt.
- zur Auflockerung der Kursatmosphäre und zur Aktivierung der TN: Der spielerische Charakter trägt zur Auflockerung des Unterrichts bei. Durch den häufigen Wechsel der Gesprächspartner lernen sich die TN besser kennen und bauen Hemmschwellen ab. Darüber hinaus sind alle TN aufgefordert, sich aktiv am Unterrichtsgeschehen zu beteiligen.
- zur Wiederholung und Auffrischung: Setzen Sie die Spiele gern auch einige Lektionen oder gar Niveaustufen später ein, um die Kenntnisse aufzufrischen. Auch kurz vor einem Test ist eine spielerische Wiederholung hilfreich.

______ heißen Sie? 1/2	Wie alt ______ Sie? 1/2	______ ______ verheiratet? 1/2
Was sprechen ______? 1/2	Wie alt ______ Ihre Kinder? 1/2	______ wohnen ______? 1/2
______ ______ Ihre Telefon-nummer? 1/2	______ ______ Englisch? 1/2	______ ______ Ihre E-Mail-Adresse? 1/2
Woher ______ Ihr Mann / Ihre Frau? 1/2	Wie geht ______ ______? 1/2	______ wohnen Ihre Eltern? 1/2
______ ______ Kinder? 1/2	______ ______ Ihre Handynummer? 1/2	______ kommen Sie? 1/2
______ heißt Ihr Mann / Ihre Frau? 1/2	Wo ______ ______ geboren? 1/2	______ ______ Ihr Familienname? 1/2

Fragen zur Person

A: **Wie** heißen Sie?

B: (Ich heiße) Bruno Schneider.

______ heißen Sie? 1/2	Wie alt ______ Sie? 1/2	______ ______ verheiratet? 1/2
Was sprechen ______? 1/2	Wie alt ______ Ihre Kinder? 1/2	______ wohnen ______? 1/2
______ ______ Ihre Telefon- nummer? 1/2	______ ______ Englisch? 1/2	______ ______ Ihre E-Mail-Adresse? 1/2
Woher ______ Ihr Mann / Ihre Frau? 1/2	Wie geht ______ ______? 1/2	______ wohnen Ihre Eltern? 1/2
______ ______ Kinder? 1/2	______ ______ Ihre Handynummer? 1/2	______ kommen Sie? 1/2
______ heißt Ihr Mann / Ihre Frau? 1/2	Wo ______ ______ geboren? 1/2	______ ______ Ihr Familienname? 1/2

Fragen zur Person

Sind Sie verheiratet?	Wie alt sind Sie?	Wie heißen Sie?
Wo wohnen Sie?	Wie alt sind Ihre Kinder?	Was sprechen Sie?
Wie ist Ihre E-Mail-Adresse?	Sprechen Sie Englisch?	Wie ist Ihre Telefonnummer?
Wo wohnen Ihre Eltern?	Wie geht es Ihnen?	Woher kommt Ihr Mann / Ihre Frau?
Woher kommen Sie?	Wie ist Ihre Handynummer?	Haben Sie Kinder?
Wie ist Ihr Familienname?	Wo sind Sie geboren?	Wie heißt Ihr Mann / Ihre Frau?

Nachfragen

A: Ist das ein Kind?

B: Nein, das ist **kein** Kind, das ist **eine** Frau.

ein Kind?

1/3

ein Brot?

1/3

ein Foto?

1/3

ein Wort?

A

1/3

eine Tomate?

1/3

eine Orange?

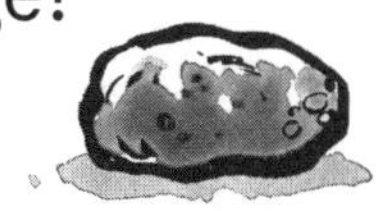

1/3

eine Banane?

1/3

ein Ei?

1/3

eine Kundin?

1/3

eine Frau?

1/3

ein Mann?

1/3

ein Buch?

1/3

eine Telefonnummer?

1/3

ein Buchstabe?

13

1/3

ein Apfel?

1/3

eine Stadt?

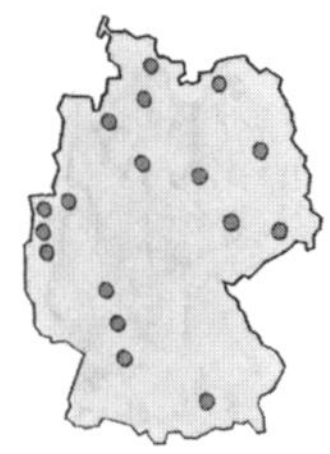

1/3

ein Fisch?

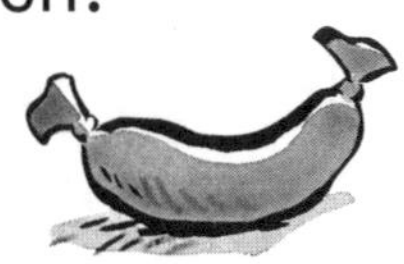

1/3

eine Wurst?

1/3

Nachfragen

Nein, das ist kein Foto, das ist ein Bild.

Nein, das ist kein Brot, das ist ein Kuchen.

Nein, das ist kein Kind, das ist eine Frau.

Nein, das ist keine Orange, das ist eine Kartoffel.

Nein, das ist keine Tomate, das ist eine Orange.

Nein, das ist kein Wort, das ist ein Buchstabe.

Nein, das ist keine Kundin, das ist eine Verkäuferin.

Nein, das ist kein Ei, das ist eine Birne.

Nein, das ist keine Banane, das ist ein Apfel.

Nein, das ist kein Buch, das ist ein Foto.

Nein, das ist kein Mann, das ist ein Baby.

Nein, das ist keine Frau, das ist ein Mann.

Nein, das ist kein Apfel, das ist ein Brötchen.

Nein, das ist kein Buchstabe, das ist eine Zahl.

Nein, das ist keine Telefonnummer, das ist eine Stadt.

Nein, das ist keine Wurst, das ist ein Fisch.

Nein, das ist kein Fisch, das ist eine Wurst.

Nein, das ist keine Stadt, das ist ein Land.

Gefallen und Missfallen ausdrücken

A: Wie gefällt Ihnen das Wohnzimmer?
B: **Es** gefäll**t** mir gut / sehr gut / ganz gut.

A: Wie gefallen dir die Stühle?
B: **Sie** gefall**en** mir nicht (so) gut.

das Wohnzimmer 1/4	der Balkon 1/4	die Wohnung 1/4
die Lampen 1/4	das Regal 1/4	der Schrank 1/4
die Stühle 1/4	der Tisch 1/4	das Sofa 1/4
der Fernseher 1/4	das Auto 1/4	die Waschmaschine 1/4
die Betten 1/4	die Küche 1/4	das Haus 1/4
die Schränke 1/4	das Bett 1/4	die Möbel 1/4

Gefallen und Missfallen ausdrücken

Sie gefällt mir ...	Er gefällt mir ...	Es gefällt mir ...
Er gefällt mir ...	Es gefällt mir ...	Sie gefallen mir ...
Es gefällt mir ...	Er gefällt mir ...	Sie gefallen mir ...
Sie gefällt mir ...	Es gefällt mir ...	Er gefällt mir ...
Es gefällt mir ...	Sie gefällt mir ...	Sie gefallen mir ...
Sie gefallen mir ...	Es gefällt mir ...	Sie gefallen mir ...

Alltagsaktivitäten: Vorlieben ausdrücken

A: Kaufen Sie **gern** ein? / Kaufst du **gern** ein?
B: Ja, ich kaufe **sehr gern / gern** ein. / Nein, ich kaufe **nicht (so) gern** ein.

ein¦kaufen 1/5	kochen 1/5	spazieren gehen 1/5
Schokolade essen 1/5	früh auf¦stehen 1/5	das Bad putzen 1/5
die Küche auf¦räumen 1/5	fotografieren 1/5	Gemüse essen 1/5
tanzen 1/5	Bier trinken 1/5	arbeiten 1/5
die Hausaufgaben machen 1/5	ins Kino gehen 1/5	Fußball spielen 1/5
zum Deutschkurs gehen 1/5	Musik hören 1/5	fern¦sehen 1/5

Alltagsaktivitäten: Vorlieben ausdrücken

Gehen Sie gern spazieren? Gehst du gern spazieren?	Kochen Sie gern? Kochst du gern?	Kaufen Sie gern ein? Kaufst du gern ein?
Putzen Sie gern das Bad? Putzt du gern das Bad?	Stehen Sie gern früh auf? Stehst du gern früh auf?	Essen Sie gern Schokolade? Isst du gern Schokolade?
Essen Sie gern Gemüse? Isst du gern Gemüse?	Fotografieren Sie gern? Fotografierst du gern?	Räumen Sie gern die Küche auf? Räumst du gern die Küche auf?
Arbeiten Sie gern? Arbeitest du gern?	Trinken Sie gern Bier? Trinkst du gern Bier?	Tanzen Sie gern? Tanzt du gern?
Spielen Sie gern Fußball? Spielst du gern Fußball?	Gehen Sie gern ins Kino? Gehst du gern ins Kino?	Machen Sie gern die Hausaufgaben? Machst du gern die Hausaufgaben?
Sehen Sie gern fern? Siehst du gern fern?	Hören Sie gern Musik? Hörst du gern Musik?	Gehen Sie gern zum Deutschkurs? Gehst du gern zum Deutschkurs?

Schritte plus – Mini-Gespräche
Spielesammlung

Schritte plus 1/6

Hast du … dabei?

A: Haben Sie **Ihren** Radiergummi dabei? / Hast du **deinen** Radiergummi dabei?
B: Ja, ich habe **meinen** Radiergummi dabei. / Nein, ich habe … nicht dabei.

der Radiergummi 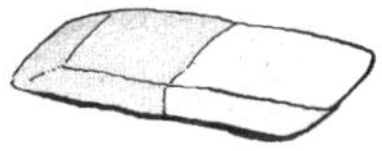 1/6	die Zigaretten 1/6	die Fahrkarte  1/6
das Handy 1/6	der Bleistift  1/6	der (An)Spitzer  1/6
das Buch 1/6	die Kamera 1/6	die EC-Karte 1/6
der Kugelschreiber 1/6	das Geld 1/6	die Hausaufgaben 1/6
der Schnellhefter  1/6	die Schere  1/6	der Regenschirm  1/6
das Feuerzeug  1/6	der Schlüssel  1/6	die Uhr 1/6

Hast du ... dabei?

Ihre/deine meine	Ihre/deine meine	Ihren/deinen meinen
Ihren/deinen meinen	Ihren/deinen meinen	Ihr/dein mein
Ihre/deine meine	Ihre/deine meine	Ihr/dein mein
Ihre/deine meine	Ihr/dein mein	Ihren/deinen meinen
Ihren/deinen meinen	Ihre/deine meine	Ihren/deinen meinen
Ihre/deine meine	Ihren/deinen meinen	Ihr/dein mein

Nach Aktivitäten in der Vergangenheit fragen

A: **Haben Sie** gestern die Hausaufgaben **ge**macht? / **Hast du** ... **ge**macht?
B: Ja. / Nein.

die Hausaufgaben machen 1/7	gestern kochen 1/7	gestern arbeiten 1/7
früher allein wohnen 1/7	am Wochenende Besuch haben 1/7	letzte Woche Sport machen 1/7
die Brötchen holen 1/7	gestern am Computer spielen 1/7	letzte Woche tanzen 1/7
gestern putzen 1/7	heute duschen 1/7	heute die Lehrerin fragen 1/7
gestern Musik hören 1/7	zu Hause frühstücken 1/7	gestern Brot kaufen 1/7
in der Schule Englisch lernen 1/7	früher Fußball spielen 1/7	im Sommer grillen 1/7

Nach Aktivitäten in der Vergangenheit fragen

Haben Sie gestern gearbeitet? ✓
Hast du gestern gearbeitet?

Haben Sie gestern gekocht? ✓
Hast du gestern gekocht?

Haben Sie die Hausaufgaben gemacht? ✓
Hast du die Hausaufgaben gemacht?

Haben Sie letzte Woche Sport gemacht? ✓
Hast du letzte Woche Sport gemacht?

Haben Sie gestern Besuch gehabt? ✓
Hast du gestern Besuch gehabt?

Haben Sie früher allein gewohnt? ✓
Hast du früher allein gewohnt?

Haben Sie letzte Woche getanzt? ✓
Hast du letzte Woche getanzt?

Haben Sie gestern am Computer gespielt? ✓
Hast du gestern am Computer gespielt?

Haben Sie die Brötchen geholt? ✓
Hast du die Brötchen geholt?

Haben Sie heute die Lehrerin gefragt? ✓
Hast du heute die Lehrerin gefragt?

Haben Sie heute geduscht? ✓
Hast du heute geduscht?

Haben Sie gestern geputzt? ✓
Hast du gestern geputzt?

Haben Sie gestern Brot gekauft? ✓
Hast du gestern Brot gekauft?

Haben Sie zu Hause gefrühstückt? ✓
Hast du zu Hause gefrühstückt?

Haben Sie gestern Musik gehört? ✓
Hast du gestern Musik gehört?

Haben Sie im Sommer gegrillt? ✓
Hast du im Sommer gegrillt?

Haben Sie früher Fußball gespielt? ✓
Hast du früher Fußball gespielt?

Haben Sie in der Schule Englisch gelernt? ✓
Hast du in der Schule Englisch gelernt?

Bitten

A: **Können Sie** bitte ein Brot kaufen? / **Kannst du** ... bitte ein Brot kaufen?

B: Ich **habe schon** ein Brot **gekauft.**

ein Brot kaufen 2/8	die Hausaufgaben machen 2/8	das Bad putzen 2/8
das Essen kochen 2/8	zum Einkaufen fahren 2/8	zum Briefkasten gehen  2/8
zum Supermarkt gehen 2/8	die E-Mail lesen 2/8	das Frühstück machen 2/8
das Handy suchen 2/8	die E-Mail schreiben 2/8	die Wörter lernen 2/8
einen Kuchen machen 2/8	die Lehrerin fragen 2/8	zur Post gehen 2/8
Milch holen 2/8	die Übung lesen 2/8	die Suppe essen 2/8

Bitten

habe ... geputzt	habe ... gemacht	habe ... gekauft
bin ... gegangen	bin ... gefahren	habe ... gekocht
habe ... gemacht	habe ... gelesen	bin ... gegangen
habe ... gelernt	habe ... geschrieben	habe ... gesucht
bin ... gegangen	habe ... gefragt	habe ... gemacht
habe ... gegessen	habe ... gelesen	habe ... geholt

Ratschläge

A: Ich bin immer nervös.

B: Dann **mach doch** mehr Sport. / Dann **machen Sie doch** mehr Sport.

Ich bin immer nervös. 2/9	Meine Nachbarin ist nicht freundlich. 2/9	Ich habe keine Arbeit. 2/9
Ich bin immer müde. 2/9	Ich habe Fieber. 2/9	Ich verstehe kein Englisch. 2/9
Ich habe immer Hunger. 2/9	Ich vergesse immer die Artikel. 2/9	Mir ist so kalt. 2/9
Mein Kind will nicht zur Schule gehen. 2/9	Ich habe keine Freunde in Deutschland. 2/9	Mein Mann / Meine Frau kommt immer so spät nach Hause. 2/9
Ich kann nicht kochen. 2/9	Meine Wohnung ist so teuer. 2/9	Mein Auto ist kaputt. 2/9
Ich habe Kopfschmerzen. 2/9	Ich komme immer zu spät zum Deutschkurs. 2/9	Ich finde mein Handy nicht. 2/9

Gesundheits-Tipps

A: Was ist los?
B: Ich kann in der Nacht nicht schlafen.

A: Und was hat der Arzt gesagt?
B: Er hat gesagt, ich **soll** viel spazieren gehen.

Ich kann in der Nacht nicht schlafen. 2/10	Ich habe Kopfschmerzen. 2/10	Ich habe seit einem Monat Husten.  2/10
Ich habe Rückenschmerzen. 2/10	Mein Zahn tut weh. 2/10	Mein Bauch tut weh. 2/10
Ich habe seit drei Wochen Schnupfen.  2/10	Meine Hand ist ganz dick. 2/10	Meine Füße tun nach der Arbeit immer weh. 2/10
Meine Ohren tun weh. 2/10	Ich kann nicht gut sehen. 2/10	Ich habe Fieber. 2/10
Mein Hals tut weh. 2/10	Ich bin immer nervös. 2/10	Meine Augen sind am Abend ganz rot. 2/10
Mein Fuß ist ganz rot. 2/10	Mein Fuß ist ganz dick. 2/10	Ich bin immer müde. 2/10

Einen Ort angeben (*in*, *bei*)

A: Ist Michael da?
B: Nein, tut mir leid. Er ist noch **bei** sein**er** Oma.

seine Oma 2/11	die Schule 2/11	das Kino 2/11
sein Freund 2/11	der Garten 2/11	der Arzt 2/11
das Internetcafé 2/11	der Supermarkt 2/11	der Deutschkurs 2/11
der Bäcker 2/11	Japan 2/11	die Bücherei 2/11
seine Freundin 2/11	London 2/11	seine Großeltern 2/11
das Krankenhaus 2/11	der Friseur 2/11	der Kindergarten 2/11

Einen Ort angeben (*in*, *bei*)

im Kino	in der Schule	bei seiner Oma
beim Arzt	im Garten	bei seinem Freund
im Deutschkurs	im Supermarkt	im Internetcafé
in der Bücherei	in Japan	beim Bäcker
bei seinen Großeltern	in London	bei seiner Freundin
im Kindergarten	beim Friseur	im Krankenhaus

Schritte plus – Mini-Gespräche

Spielesammlung

Schritte plus 2/12

Höfliche Bitten

A: Geben Sie mir eine Tüte!
B: **Könnten Sie** mir **bitte** eine Tüte geben?

A: Wartet!
B: **Könntet ihr bitte** warten?

Geben Sie mir eine Tüte! 2/12	Wartet! 2/12	Fahr langsam! 2/12
Mach das Licht an! 2/12	Gib mir Feuer! 2/12	Rufen Sie Herrn Fischer an! 2/12
Unterschreiben Sie hier! 2/12	Seid leise! 2/12	Fahren Sie Ihr Auto weg! 2/12
Mach das Fenster zu! 2/12	Leih mir zehn Euro! 2/12	Wiederhol den Satz! 2/12
Sprecht langsam! 2/12	Helfen Sie mir! 2/12	Schreiben Sie das an die Tafel! 2/12
Erklären Sie das! 2/12	Leihen Sie mir einen Regenschirm! 2/12	Sag das noch mal! 2/12

Höfliche Bitten

Könntest du bitte langsam fahren?	Könntet ihr bitte warten?	Könnten Sie mir bitte eine Tüte geben?
Könnten Sie bitte Herrn Fischer anrufen?	Könntest du mir bitte Feuer geben?	Könntest du bitte das Licht anmachen?
Könnten Sie bitte Ihr Auto wegfahren?	Könntet ihr bitte leise sein?	Könnten Sie bitte hier unterschreiben?
Könntest du bitte den Satz wiederholen?	Könntest du mir bitte zehn Euro leihen?	Könntest du bitte das Fenster zumachen?
Könnten Sie das bitte an die Tafel schreiben?	Könnten Sie mir bitte helfen?	Könntet ihr bitte langsam sprechen?
Könntest du das bitte noch mal sagen?	Könnten Sie mir bitte einen Regenschirm leihen?	Könnten Sie das bitte erklären?

Nach dem Befinden fragen: Wie geht's ...?

A: Wie geht's dein**em** / Ihr**em** Mann?
B: Danke, es geht **ihm** gut.

A: Wie geht's dein**er** / Ihr**er** Frau?
B: Danke, es geht **ihr** gut.

der Mann 2/13	die Frau 2/13	die Kinder 2/13
die Eltern 2/13	die Großeltern 2/13	der Sohn 2/13
die Tochter 2/13	der Hund 2/13	die Katze 2/13
der Bruder 2/13	die Schwester 2/13	die Geschwister 2/13
die Freundin 2/13	der Freund 2/13	die Freunde 2/13
das Kind 2/13	die Nachbarn 2/13	der Chef 2/13

Nach dem Befinden fragen: Wie geht's ...?

deinen / Ihren ihnen	deiner / Ihrer ihr	deinem / Ihrem ihm
deinem / Ihrem ihm	deinen / Ihren ihnen	deinen / Ihren ihnen
deiner / Ihrer ihr	deinem / Ihrem ihm	deiner / Ihrer ihr
deinen / Ihren ihnen	deiner / Ihrer ihr	deinem / Ihrem ihm
deinen / Ihren ihnen	deinem / Ihrem ihm	deiner / Ihrer ihr
deinem / Ihrem ihm	deinen / Ihren ihnen	deinem / Ihrem ihm

Gegenstände suchen

A: Hast du **meinen Kuli** gesehen?
B: Nein, **den** habe ich nirgends gesehen.
A: Gerade habe ich **ihn** noch gehabt.
B: Ich weiß auch nicht, wo du **ihn** hingetan hast.

der Kuli

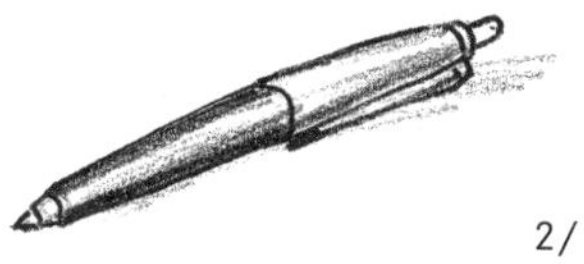

2/14

die Schlüssel

2/14

das Heft

2/14

das Buch

2/14

die Brille

2/14

der Block

2/14

der Radiergummi

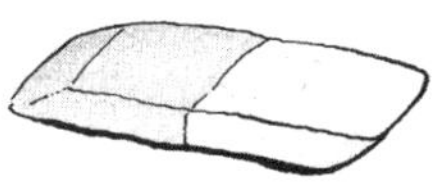

2/14

das Feuerzeug

2/14

das Handy

2/14

die Ohrringe

2/14

die Hausschuhe

2/14

der (An)Spitzer

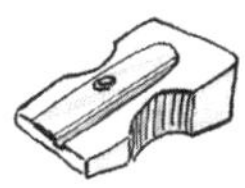

2/14

der Geldbeutel

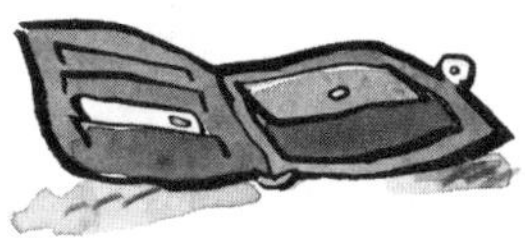

2/14

die Socken

2/14

die Tasche

2/14

der Rock

2/14

die Schere

2/14

der Regenschirm

2/14

Gegenstände suchen

mein – das – es – es	meine – die – sie – sie	meinen – den – ihn – ihn
meinen – den – ihn – ihn	meine – die – sie – sie	mein – das – es – es
mein – das – es – es	mein – das – es – es	meinen – den – ihn – ihn
meinen – den – ihn – ihn	meine – die – sie – sie	meine – die – sie – sie
meine – die – sie – sie	meine – die – sie – sie	meinen – den – ihn – ihn
meinen – den – ihn – ihn	meine – die – sie – sie	meinen – den – ihn – ihn

Anleitung

Möglichkeit 1: Gespräch in Kleingruppen

1 Jeder TN bekommt eine Kopie des Fragebogens. Stellen Sie sicher, dass alle Fragen verstanden werden.
2 Die TN bilden Gruppen zu je drei TN und befragen sich gegenseitig. Hören Sie abwechselnd bei einigen Gruppen zu und helfen Sie, falls nötig.
3 Ab A2 können Sie einen TN bestimmen, der im Anschluss einige interessante Gesprächsergebnisse im Kurs zusammenfasst. Möglicherweise ist es dabei sinnvoll, einen zeitlichen Rahmen festzulegen.

Möglichkeit 2: Prüfungstraining

1 Jeder TN bekommt eine Kopie des Fragebogens. Stellen Sie sicher, dass alle Fragen verstanden werden.
2 Die TN bilden Gruppen zu je zwei oder drei TN und befragen sich gegenseitig. Hören Sie abwechselnd bei einigen Gruppen zu und helfen Sie, falls nötig.
3 Zur Vorbereitung mündlicher Prüfungen wiederholt eine Gruppe einen Teil ihres Gesprächs vor dem Plenum oder wird vom Kurs befragt. Eine Rückmeldung, inwieweit das Gespräch den Prüfungskriterien entsprochen hat, sollte folgen.

Möglichkeit 3: Gespräch mit wechselnden Partnern

Hinweis: Diese Möglichkeit eignet sich, wenn die einzelnen Fragen nicht aufeinander aufbauen.

1 Kopieren Sie den Fragebogen einmal und zerschneiden Sie ihn in einzelne Fragen. Verteilen Sie an jeden TN eine Frage.
2 Die TN gehen im Kursraum umher und befragen eine Partnerin / einen Partner.
3 Dann werden die Karten getauscht und die TN suchen sich eine neue Person.

Möglichkeit 4: Diskussion im Plenum

In kleinen Kursen können die Fragen im Plenum diskutiert werden.

Möglichkeit 5: Gespräch mit schriftlicher Übung

Die TN beantworten vor oder nach dem Gespräch einen Teil der Fragen schriftlich. Dabei sind verschiedene Ansätze denkbar: Beantwortung der Fragen, Zusammenfassung des Gesprächs, freier Aufsatz zum Thema usw. Diese Aufgaben können in Einzelarbeit oder in Partnerarbeit erledigt werden.

Anleitung

Einsatz im Unterricht

Die Gesprächsanlässe eignen sich besonders

- zur produktiven Anwendung von Wortschatz, Redemitteln und Grammatik: Das freie Sprechen kommt in Deutschkursen häufig zu kurz. Die Gesprächsanlässe beziehen sich inhaltlich auf das Thema einer Lektion. Somit sind sie eine ideale Möglichkeit, um Wortschatz, Redemittel und Grammatik der Lektion frei anzuwenden.
- zur Prüfungsvorbereitung: Die Gesprächsanlässe decken die wichtigsten Themen im mündlichen Teil gängiger DaZ-/DaF-Prüfungen ab. Die Aufgabe besteht in der Regel darin, sich von einem Foto, einem Wort- oder Bildimpuls ausgehend zu einem allgemeinen Gesprächsthema zu äußern. Manchen TN fällt dies jedoch sehr schwer. Mithilfe der vorbereiteten Fragen stellen Sie zum einen konkrete Frage-Antwort-Modelle zur Verfügung, zum anderen erleichtern Sie es den TN, die Bandbreite eines Themas zu erkennen und verschiedene Aspekte zu erläutern.
- zum freien Schreiben: Das freie Schreiben kann nicht oft genug geübt werden. Nach der mündlichen Beantwortung der Fragen fällt es den TN meist wesentlich leichter, ihre Gedanken schriftlich festzuhalten. Es zeigt sich dabei sehr schnell, inwieweit die TN Wortschatz und Grammatik auch aktiv beherrschen.
- zum Erfahrungsaustausch und zur Verbesserung der Gruppenatmosphäre: Die meisten Gesprächsthemen greifen Alltagssituationen und persönliche Erfahrungen auf. Die TN können sich darüber austauschen, sich gegenseitig unterstützen und gute und schlechte Erlebnisse mit anderen teilen. Auf diese Weise lernen sie sich besser kennen und wachsen als Gruppe zusammen.
- zur Auflockerung und Motivation: Wenn die TN müde oder unkonzentriert sind, bietet diese Übungsform eine willkommene Abwechslung. Gerade TN, die außerhalb des Kurses kaum Deutsch sprechen, werden durch die freien Gespräche sehr motiviert. Sie merken, dass das mühsame Erlernen von Wörtern und Grammatik ihnen tatsächlich die Möglichkeit gibt, zu kommunizieren und die Isolation in einem fremden Land zu durchbrechen. TN, die bereits länger in Deutschland leben und mündlich häufig stärker sind als schriftlich, können hier ihre Fähigkeiten herausstellen.

Meine Familie

1. Sind Sie verheiratet?
2. Woher kommt Ihr Mann oder Ihre Frau?
3. Haben Sie Verwandte[1] in Deutschland?
4. Haben Sie Geschwister?
5. Wie heißen Ihre Geschwister?
6. Sind Ihre Geschwister verheiratet?
7. Wo wohnen Ihre Eltern?
8. Haben Sie Großeltern?
9. Haben Sie Kinder?
10. Wie alt sind Ihre Kinder?
11. Wie heißen Ihre Kinder?
12. ______________________________
13. ______________________________
14. ______________________________

[1] der Verwandte, -n = z.B. Großeltern, ein Bruder, eine Schwester

Einkaufen

1. Was haben Sie im Kühlschrank?
2. Ihr Einkaufszettel: Was brauchen Sie?
3. Kaufen Sie viel Obst? Was kaufen Sie?
4. Wo kaufen Sie Obst? Im Supermarkt? Auf dem Markt? Im Obst- und Gemüseladen?
5. Wo kaufen Sie Brot? Im Supermarkt? In der Bäckerei?
6. Was kostet ein Kilo Bananen in Deutschland? Was kostet es in Ihrem Land?
7. Was kostet ein Kilo Fleisch in Deutschland? Was kostet es in Ihrem Land?
8. ______________________________
9. ______________________________
10. ______________________________

Wohnen

1. Wo wohnen Sie?
2. Wie gefällt Ihnen Ihre Wohnung? Was ist gut, was ist schlecht?
3. Wie alt ist die Wohnung?
4. Ist die Wohnung teuer?
5. Wie ist das Wohnzimmer: groß, klein, hell, dunkel, schön ...?
6. Haben Sie ein Kinderzimmer?
7. Dusche oder Badewanne? Was gefällt Ihnen?
8. Wo kaufen Sie Möbel? – Bei ...
9. Was kostet eine Wohnung in Ihrem Land?
10. ______________________________
11. ______________________________
12. ______________________________

Tagesablauf

1. Wann und wo kaufen Sie ein?
2. Wer kauft in Ihrer Familie ein? Machen Sie das oder macht das Ihr Mann oder Ihre Frau?
3. Wann kochen Sie?
4. Wann gehen Sie zum Deutschkurs?
5. Putzen Sie jeden Tag oder haben Sie einen Putztag?
6. Wann bringen Sie Ihre Kinder in den Kindergarten oder zur Schule?
7. Wann arbeiten Sie?
8. Wann hören Sie Musik?
9. Was machen Sie am Abend?
10. Was machen Sie am Wochenende?
11. ______________________________
12. ______________________________
13. ______________________________

Freizeit

1. Was lesen Sie?
2. Was sehen Sie gern im Fernsehen – Liebesfilme, Sport ...?
   Sehen Sie auch deutsches Fernsehen? Wann sehen Sie fern?
3. Wie heißt Ihr Lieblingsfilm, Lieblingsbuch oder Lieblingslied?
4. Wo treffen Sie Ihre Freunde? Im Café, im Park, zu Hause, in der Stadt ...?
5. Wann kommen Ihre Verwandten[1] und Freunde zu Besuch[2]?
6. Kennen Sie ein gutes Restaurant? Wie heißt es? Was essen Sie dort gern?
7. Welcher Sport gefällt Ihnen?
8. Was machen Sie gern am Computer? Spielen, im Internet surfen,
   E-Mails schreiben ...?
9. Was machen Sie noch gern in der Freizeit? Telefonieren, spazieren gehen, tanzen,
   Musik hören, einkaufen ...?
10. ______________________________
11. ______________________________
12. ______________________________

[1] der Verwandte, -n = eine Person aus Ihrer Familie, z.B. ein Bruder, die Großmutter, der Vater
[2] zu Besuch kommen = Leute kommen in Ihre Wohnung oder in Ihr Haus.

Wochenende

Ihr Wochenende!

1. Was haben Sie gekocht oder gegessen?
2. Was haben Sie gekauft?
3. Sind Ihre Freunde oder Verwandten[1] zu Besuch gekommen[2] oder haben Sie Freunde oder Verwandte besucht[3]?
4. Haben Sie Freunde getroffen? Was haben Sie zusammen gemacht?
5. Was haben Sie im Fernsehen gesehen?
6. Wo sind Sie spazieren gegangen?
7. Haben Sie Sport gemacht?
8. Was haben Sie für den Deutschkurs gemacht: Grammatik gelernt, Hausaufgaben gemacht ...?
9. Was haben Sie am Abend gemacht?
10. Was haben Sie noch gemacht?
11. ______________________________
12. ______________________________
13. ______________________________

[1] der Verwandte, -n = eine Person aus Ihrer Familie, z.B. ein Bruder, die Großmutter, der Vater
[2] zu Besuch kommen = Leute kommen in Ihre Wohnung oder in Ihr Haus.
[3] besuchen = Sie gehen in das Haus oder die Wohnung von Freunden oder Verwandten.

Arbeit zu Hause oder in der Firma

A Hausarbeit

1. Welche Hausarbeit[1] machen Sie gern?
2. Welche Hausarbeit machen Sie nicht so gern?
3. Kochen Sie jeden Tag? Kochen Sie mittags oder/und abends?
4. Kochen Sie auch deutsches Essen?
5. Wer hilft Ihnen bei der Hausarbeit? Was macht die Person?
6. ______________________________
7. ______________________________
8. ______________________________

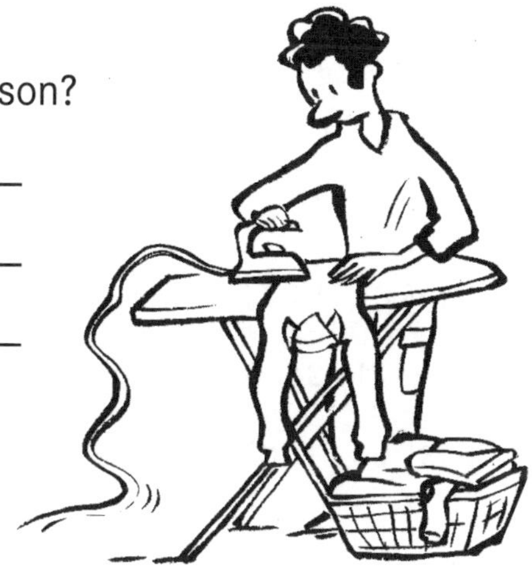

B Arbeit in einer Firma

1. Was sind Sie von Beruf?
2. Wo arbeiten Sie im Moment oder wo haben Sie früher gearbeitet?
3. Was gefällt Ihnen an Ihrer Arbeit? Was gefällt Ihnen nicht so gut?
4. Können Sie in Ihrem Beruf in Deutschland eine Arbeit finden?
5. Was ist Ihr Traumjob[2]?
6. Was ist am Arbeitsplatz wichtig für Sie: der Verdienst, die Chefin oder der Chef, die Kollegen, die Arbeitszeit, ...?
7. ______________________________
8. ______________________________
9. ______________________________

[1] die Hausarbeit, -en = Arbeit zu Hause: putzen, kochen, aufräumen, waschen, einkaufen ...
[2] der Traumjob, -s = eine sehr gute Arbeit: Sie möchten diese Arbeit sehr gern machen.

Ämter

Auf dem Amt: Wo sind Sie schon gewesen? Erzählen Sie!

1. Waren Sie in Deutschland auf einem Amt? Wie heißt das Amt?
2. Haben Sie lange gewartet?
3. Sind Sie zusammen mit einem Freund, einer Freundin oder mit Ihrer Familie zum Amt gegangen?
4. Wie haben Sie mit dem Beamten oder mit der Beamtin gesprochen? Deutsch, Englisch oder eine andere Sprache?
5. Hat der Beamte oder die Beamtin langsam gesprochen?
6. Hat er oder sie alles genau erklärt? Haben Sie alles gut verstanden?
7. War er/sie freundlich?
8. Hat es Probleme gegeben?
9. Wie sind die Beamten in Ihrem Land?
10. ______________________________
11. ______________________________
12. ______________________________

Beim Arzt

1. Haben Sie einen Hausarzt[1] oder eine Hausärztin?
2. Ist er/sie gut? Warum? Warum nicht?
3. Müssen Sie lange im Wartezimmer warten?
4. Hat er/sie viel Zeit für Sie?
5. Kommt er/sie auch in Ihre Wohnung?
6. Sie haben 40 Grad Fieber. Es ist 22 Uhr. Was machen Sie?
   Wohin können Sie gehen?
7. Wer in Ihrer Familie ist oft krank? Welche Probleme hat er/sie?
8. Spricht Ihr Arzt nur Deutsch oder auch Ihre Sprache oder Englisch?
9. Waren Sie schon einmal im Krankenhaus? Warum?
10. ______________________________
11. ______________________________
12. ______________________________

[1] der Hausarzt, ¨-e = ein Arzt für alle Krankheiten, kein Spezialist

Ihr Wohnort

1. Das erste Mal in Deutschland: Was war anders, neu, besonders ...?
2. Was haben Sie früher über Deutschland / Ihre Stadt / Ihren Wohnort gedacht?
3. Was gefällt Ihnen in dieser Stadt? Was gefällt Ihnen nicht so gut?
4. Was/Wo ist Ihr Lieblingsplatz?
5. Wissen Sie, wo man hier gut einkaufen, essen oder tanzen kann?
6. Wie finden Sie das Nachtleben?
7. Was möchten Sie Ihren Eltern oder Freunden in Ihrer Stadt gern zeigen?
8. Welche anderen deutschen Städte kennen Sie und wie gefallen sie Ihnen?
9. ______________________________
10. ______________________________
11. ______________________________

Kundenservice

1. Wann haben Sie das letzte Mal einen Techniker gerufen?
2. Was war kaputt?
3. Ist er sofort gekommen oder haben Sie lange gewartet?
4. Hat er alles schnell repariert oder das Problem schnell gelöst[1]?
5. War der Preis für den Service okay?
6. Viele Leute machen kleine Reparaturen selbst. Was können Sie oder Ihre Freunde und Verwandten[2] reparieren?
7. Können Sie Gebrauchsanweisungen gut verstehen? Wann hatten Sie Probleme?
8. Bei großen Firmen kann man oft nur noch in einem Callcenter anrufen. Ist das gut?
9. ______________________________
10. ______________________________
11. ______________________________

[1] ein Problem lösen = eine Antwort auf das Problem finden
[2] der Verwandte, -n = eine Person aus der Familie, z.B. ein Bruder, die Großmutter, der Vater

Kleidung

1. Frauen möchten immer so viel Kleidung und Schuhe kaufen. Männer möchten wenig Kleidung kaufen. Stimmt das? Warum?
2. Wie ist das in Ihrer Familie: Wer kauft viel, wer kauft wenig?
3. Kaufen Sie Kleidung lieber allein oder mit Ihrer Frau, Ihrem Mann oder mit Freunden ...? Warum?
4. Wann und wo haben Sie in Deutschland Kleidung gekauft? Hatten Sie Probleme?
5. Was ist für Sie sehr wichtig: die Qualität, die Marke[1], der Preis, die Farbe ...?
6. Wo kann man in Ihrer Stadt gut Kleidung und Schuhe kaufen?
7. Was ist in Ihrer Heimat anders? Der Preis, der Service, andere Geschäfte ...?
8. Ist die Mode in Ihrer Heimat anders? Was tragen die Leute dort?
9. ______________________________
10. ______________________________
11. ______________________________

[1] die Marke, -n = der Name von einer Kleidungsfirma; ein sehr bekanntes Produkt

Feste

Erzählen Sie etwas von einem typischen Fest in Ihrer Heimat.
Bringen Sie gern auch Musik und Fotos mit in den Kurs.

1. Wie heißt das Fest in Ihrer Sprache und auf Deutsch?
2. Warum feiert man das Fest?
3. Was machen die Leute?
4. Was isst und was trinkt man?
5. Wer kommt zu dem Fest?
6. Wie dekorieren Sie die Wohnung für dieses Fest?
7. Was ziehen Sie an?
8. Was für Musik hört man?
9. Tanzen die Leute? Tanzen Sie auch (gern)?
10. Gibt es Geschenke?
11. Was gefällt Ihnen an diesem Fest?
12. ______________________________
13. ______________________________
14. ______________________________